中国功夫

第一辑

《中国功夫》编辑部 编

群众出版社

目录

特稿

中国功夫文化发展委员会名誉主席解洪烈

扬功夫之文化　发时代之先声

文／解洪烈

　　春意萌动，万物复苏。在这孕育生机和希望的时节，《中国功夫》迎着新时代的曙光诞生了。在此，我代表《中国功夫》书刊社，向广大读者致以春的问候和最诚挚的祝福！

　　功夫，又称中国功夫、中国传统武术，是中国清末时期关于武术的别称。武术通过千锤百炼后升华为功夫。功夫源于武术又不同于武术，属于体育又不同于体育。它是以制止侵袭为技术导向，进入认识人与自然、社会客观规律的传统教化方式和个人修为。

中国是功夫的根，文化是功夫的魂。功夫是思想与肢体语言的结合，是艺术与美学的结合，是力量与技能的结合。它是一项开发人的大脑和肢体相互协调发挥的运动，是一项提振人类精神意志的科学技术，可以把人的身体技巧和心灵智慧发挥到极限。功夫讲究刚柔并济、内外兼修，既有刚健雄美的外形，更有典雅深邃的内涵，以其天人合一的哲理性、攻防兼备的技击性、养生防病的健身性、力量之美的娱乐性，透射出先哲们对生命和宇宙的感悟，成就一种接近自然的完美。

外练筋骨皮，内练精气神。功夫追求的是一种精神的升华和愉悦。上武得道，平天下；中武入喆，安身心；下武精技，防侵害；拥有超强的力量而不以强凌弱，拥有超群的身手而不炫耀武艺，坚持仁义礼智信勇的境界和情操。中国功夫正是以这样一种独特的方式诠释、传承着中国人自强不息、厚德载物的精神。

纵观数千年华夏文明，中国功夫是历经无数战乱而沉淀下来的文化精华，铭刻着中华民族的文明足迹和文化记忆，具有独一无二的民族性和广泛传播的国际性，是中华民族的精神基因和文化名片，也是中国文化的国粹瑰宝和软实力。中国功夫更因其浓厚的神秘色彩和一代巨星李小龙的动作电影，名震四海，风靡全球，让世界认识了中国，让世界感受着魅力无穷的中国功夫文化。

习近平总书记强调，加快建设体育强国，就要弘扬中华体育精神，弘扬体育道德风尚，坚定自信，奋力拼搏，提高竞技体育综合实力，更好发挥举国体制作用，把竞技体育搞得更好、更快、更高、更强，提高为国争光能力，让体育为社会提供强大正能量。党的十九大报告指出，要深入挖掘中华优秀传统文化蕴含的思想观念、人文精神、道德规范，结合时代要求继承创新，让中华文化展现出永久魅力和时代风采。党中央、国务院已将复兴中国传统文化上升为重大国策，出台了《关于实施中华优秀传统文化传承发展工程的意见》。我们完全有理由相信，中国功夫文化大发展、大繁荣的春天已经到来。

千年潮未落，风起再扬帆。中国社会主义文艺学会顺时代之召唤，肩使命与担当，应运而生"中国功夫文化发展委员会"，创办了《中国功夫》，组建了一支可谓是中国功夫文化研究的"国家队"。这是目前国内唯一研究和传播中国功夫文化的核心阵地和权威平台。其宗旨便是宣传中央精神，交流中国功夫发展经验；加强中国功夫文化研究，提升中国功夫发展水平；以功夫文化视角解读社会和人生，培育社会主义核心价值观，努力打造国内、国际具有广泛影响力和话语权的中国功夫文化品牌，实现"让中国功夫走向世界，让功夫文化深入人心"的目标。

亲爱的朋友们，如果您是习武者，这里便是您实现梦想的大舞台，任您显身手；如果您是企业家，在您助力功夫文化发展的同时，功夫文化也将助力企业腾飞。中国功夫文化发展委员会热忱欢迎具有爱国情怀和功夫情结的社会各界人士，积极参与中国功夫事业，传播中国功夫文化，弘扬中国功夫精神，为实现中华民族伟大复兴的中国梦作出自己应有的贡献！

二〇一八年二月

（本文作者系中国功夫文化发展委员会名誉主席、《中国功夫》书刊社社长）

（本文摄影作者：王传斌）

张山：武术已融入我的血液中了

文／昌沧

　　人怎么样过活，都是一辈子。草根有草根的活法，白领有白领的活法。当官为民或当官为己的，也有他们的活法。我们的张山老师，既不是"草根"，也不是"白领"，为官虽不大，可为民确是鞠躬尽瘁。

　　他，1937年生，属"牛"。从小就喜欢体育、武术。后上了北京体院（今北京体育大学）武术专业，上世纪60年代中期毕业后，分配到了国家体委（现为国家体育总局）武术处。当过运动司的负责人，后又回到武术处，当了副手。不管上级怎么调整、安排，他一不图名，二不计利，都是一心一意地为我国武术事业拨乱反正、健康稳步地发展，"俯首甘为孺子牛"。

他，是中国武术协会的副主席、中国武术研究院的副院长、国家体育总局武术运动管理中心副主任。共同特点——"副手"，即上有领导、下有群众，工作在承上启下的中层环境里。可以说，他为武术事业的发展，只是默默地勤勤恳恳地耕耘着、奉献着。尽心竭力，转眼就30多年了。用他的话说："我这一生，别无奢望，我热爱祖国优秀文化遗产武术，我就是离不开武术，武术已融入我的血液中了！"

开拓奉献

张老师是个事业心很强的人。应该说，他是一位对武术事业的健康发展有着巨大贡献的开拓者。大家公认，他是武术界的大忙人，但他精明能干，忙而有序。

随着中美关系正常化，经中央批准，于1974年6月，第一个中国武术代表团出国访问墨西哥和美国。当时美国总统尼克松在白宫会见我国代表团全体成员，并饶有兴致地观看了我国代表团的武术表演，在国际上引起强烈的反响。从组团和顺利出访归来，都凝聚着他的辛劳与身影。这成为继"乒乓外交"之后，武术的"破冰之旅"，增进了中美人民之间的互信和了解，为武术走向世界之滥觞。

他分工主管武术训练和竞赛。这实际是从无到有。从上世纪70年代中期起，他多次组织、参与了国内外武术竞赛活动，同时对武术竞赛规则、裁判法及裁判员、教练员、运动员技术等级考核标准等，都进行了研究和制定。为开好首届全国武术工作会议，他又先组织、参与全国武术工作座谈会来做准备。通过两次会议，确定了今后武术竞赛改革的任务，明确了武术挖掘整理的要求，指明了武术向外推广的方向，使武术事业蓬勃而稳妥地发展，进入了一个全新的阶段。

此后，在广西南宁市召开了首次规模宏大的全国武术观摩交流大会。近300名男女运动员表演了各流派的武术项目多达500余项，收到了良好效果。这期间从谋划到促成，都有他的一份辛劳与汗水，他为武术的挖掘、整理揭开了序幕。

可有些人因武术是非奥运项目，要从全运会中把它打入"冷宫"。这时，他又与一些有识之士进行了巧妙的周旋，从武术表演项目中加"赛"而转换概念，在迂回的"斗争"中，终于让它回归了全运会。

从廖公（承志）提出要拍《少林寺》电影起，终至该片风靡海内外。因在香港回归前，与内地的运作和促成比较繁琐、复杂，包括投资、借调导演与演员等，难度都挺大，尤其是在全运会的前夕，如借调李连杰更费周折，但最后也迎刃而解。这都体现了他的协调能力与才华，融入了他超凡的智慧和精力。

当他从"好酒也怕巷子深"中，感悟到"武术也需要宣传"时，他积极建议和运作，促成了武术界最具权威的《中华武术》杂志问世，又积极支持成立武术新闻委员会并发挥其作用，当年几乎各大报刊天天都有武术新闻或专文。新中国第一部由国家认定的《中国武术史》，也是在他的主持下在成都定稿的。

武术是人类共同的文化和财富，在武术走向世界的过程中，亚洲、欧洲、南美洲、非洲等武术（功夫）联合会的成立，以及国际武术联合会的筹创，后又担任该会的第一任技术委员会主任，这些都凝聚了他的心血和智慧！

武林串珠

上世纪 90 年代后期张山老师退休了，但他退而不休，为武术的发展继续发挥余热。

在这十余年中，张山老师始终有一个心愿：要把自己所见所闻，以及武术波澜壮阔的发展历程，整理成文。

他是一位极其勤奋的人。从参加工作之日起，就立志在艰苦奋斗中增长才干，在不断实践中总结经验，且做个有心人，在实干中，从点滴做起，汇集材料，从"三人行，必有我师焉"中，又随时向武林同道请益，以启迪自己的智慧和弥补不足。功夫不负有心人，他为武术的发展积累了许多极为珍贵、闪光的东西，真是在为武林串珠。

1979 年 5 月 20 日至 6 月 18 日，张山（左）访问爱尔兰、英国、西班牙期间在英国与李连杰（右）留影

在这十多年里，他又在忙中抽空，在众多的武术工作者和爱好者的参与及协助下，根据党和人民政府有关武术的方针、政策和历史事实，编著成了一部史诗般的《武林春秋》。该书主要是通过文字和历史图片，讲述了新中国成立 60 多年，尤其是改革开放 30 多年以来，我国武术多姿多彩、曲折、稳步的发展历程。其特点是实事求是、内涵丰富、包容性强。

其实事求是在于，表述如同"太史公"，又较系统地为新中国武术运动留下了宝贵的史实资料。

其内涵丰富在于，有数百张照片，约 70 万言，图文并茂，描绘了当代中国武术发展的轨迹，有较强的可读性和借鉴作用。

其包容性强在于，为众多武林中的有识之士在同一目标下，表述了自己的体验和心声，具有广泛性、权威性和真实性。

姜，还是老的辣

退休时，张山老师给自己立下了一个规矩：单位的事，再也不去掺和。而一旦单位需要，他就一如既往、一心一意地去把它做好。

有一次，要组织国际段位制的考评，请了三位老同志组成专家考评组，张山为组长。因这是新鲜事物，谁也没有经验。到了法国后，领导交代他们"办办学习班，讲讲课就行"。当张山发现中国武术协会为此曾下发过文件，这次活动由中国武术协会主办、法国武术协会承办，负责欧洲片的武术段位考评。他随即向国内领导反映，并建议"应按文件办理"。他的建议立马得到采纳。

专家们对太极拳、长拳、南拳进行了摸底辅导，其间发现参加考评的外国武友中，有的只会象形拳（如猴拳）或器械（如大刀、三节棍、九节鞭等）。他又向国内领导建议：这次只好因地制宜，酌情办理，可不能让大家失望。他提出"低段位放宽、中段位从严、高段位暂缓"的原则，按此评定后，皆大欢喜。为留有余地，未当场公布，直报中国武术协会批准。

回国后，向中国武术协会领导总结汇报时，他提出了这样一些建议：

一、尽快编写出武术国际段位考评教材，除中文的还应有外文，且要内外有别，外文教材要简而明，还要配有录像带。

二、国外考评，要有项目的技术规定、内容要求，不能杂乱无章地让人家参加。跆拳道的段位考评方法比较具体，可操作性强，值得我们参考。

三、对国外老武术工作者及骨干要有政策倾斜，可以套段，或采取别的什么方式考评，不能让他们与自己的学生或晚辈同场考评，否则，会影响他们的思想情绪和工作积极性。

四、考评评委要相对稳定，便于以后掌握尺度，体现其连贯性和严肃性。

他的发言，立即得到领导和同志们的肯定和赞赏。后来有人感叹地说："姜，还是老的辣！"

"叔叔功不可没"

退休后的第三年，张山老师应香港有志青年张万强之邀，排除一切干扰，为筹划香港国际武术节而日夜操劳着。凭着他数十年来参加决策、领导国内外武术运动发展的丰富经验，加上张万强的聪慧和悟性，在传（授）、帮（助）、带（动）下，于 2003 年春，第一届香港国际武术节胜利召开，且首战告捷。

从兴起到发展，从壮大到成熟，一届比一届丰富，一届比一届红火，一届比一届精彩。用张老师的话说："这是个新鲜事物，也是向邓小平同志学习'摸着石头过河'。"2012 年春，举办第 10 届武术节，可谓更加精彩。仅就参赛人员来说，从开始的 1200 多人，发展到现在近万人啊！张老师日复一日，付出了辛勤的汗水。

他欣慰地回顾说，香港国际武术节之所以举办成功，有六条值得借鉴的经验。

首先，凭借香港回归祖国的契机，吸引了大批海内外人士，尤其是武术界的朋友对祖国这块热土的热爱和向往，武术节就抓住了这一契机进行武术交流与旅游活动。

其次，有效地利用了南国的天时。春节刚过，在北国仍是"千里冰封，万里雪飘"，而香港正是"百花争艳令人醉"的大好时光，这给人们一种特殊的吸引力。

第三，有一套为武术事业热心奉献的办事班子。成员大都是一些离退休的武友，愿为武术的发展发挥余热。大都是张老师的老搭档、老朋友，他们合手齐心，办事不遗余力。

孟子曰："天时不如地利，地利不如人和。"可前三条，真是占尽了"天时""地利""人和"！

第四，充分发挥了民间举办活动的特点，从实际出发，参照国家有关规定，有针对性地制定了一系列较为宽松的、行之有效的规章制度和竞赛规程等。

第五，适应了当前市场经济的特征，收费灵活，让平民百姓中的武术爱好者也能负担得起。比如食宿，有的安排在四五星级宾馆、吃大餐，有的安排在小旅店或简易招待所，还可自带炊具，自炊自食。

第六，设项多，奖项也多。从各种荣誉奖状到丰厚的奖金，一般的参赛者都有收获，让他们乘兴而来，高兴而返。因而，大大地吸引和调动了他们的热情和积极性。

创业维艰。张老师平易近人，且非常通情达理，只要是对武术事业的健康发展有利，什么苦都能吃。开始办活动时，条件十分艰苦。张老师同一般工作人员一样，同甘共苦，吃盒饭，住陋室。唯独不一样的，他是纯尽义务的。

在第6届香港国际武术节期间，我向张万强祝贺本届武术节又获得了圆满成功时，他动情地说："没有我张叔叔呕心沥血的谋划与指导，咱们的武术节是办不起来的，更谈不上一届比一届强！叔叔功不可没。"

张万强和他的张叔叔成了第一个吃螃蟹的人。他们操办的香港国际武术节的影响不可低估。随后，香港及内地兴起了办武术节或相关活动的热潮。

图个"丛中笑"

近几年来，张山老师收了一些徒弟。迄今为止举行了20多次收徒仪式，徒弟多达100余名。除少数几次，我都作为来宾在场。仪式既传统，又时尚。他立的门规，我拜读过，都是按照 个优秀公民来要求的。开宗明义就是"热爱祖国、拥护政府"；其次是"遵纪守法、自尊自爱"；随后是"弘扬武术、尊师重道；崇尚科学、勤奋学习；谦虚谨慎、作风正派；伸张正义、律己以严；团结互助、广交武友"等。这中间还有段插曲：张老师规定，"拜师只行鞠躬礼"，但有一次，前两位弟子谨遵师命，行了鞠躬礼，可第三位却行开了"三拜九叩"的大礼，前两位一看，吃不住劲了，急得就匆匆地跪下，引起哄堂大笑。

我曾问过他的大徒弟赵顺田："你为什么要拜张山老师为师？"他郑重地说："我就觉得张老师人品好、敬业，是一位老黄牛式的干部，我要向他学习。张老师在职时，我是敬而远之，现在他退休了，老百姓一个，我这才有机会表达对他的崇敬。我不是奔师傅学习一招一式的，您知道我已是全国几式太极拳冠军啦，作为一个业余武术爱好者，也算可以了。我是一个国有大型企业的负责人，我不靠武术吃饭。"

我也曾在不同的场合里问过张老师的另一些徒弟，有办武术馆校的，有做生意的，有高级知识分子，也有公务员、白领阶层、演艺界人士。他们都说，张老师人品好，热心、实在、谦逊，与赵顺田说的类似。可张山老师把徒弟们当成好朋友、忘年交，他对徒弟们的需求和困难，都感同身受，尽力帮助解决。

张老师经常为他们提供武术信息，为他们搭桥、求助、接轨。比如，帮徒弟将武校（馆）的普通高中改为职高，或初中直接升入体育院校的中专或大专，或争取武校（馆）成为大专院校的实习基地，还为办好武校（馆）当参谋，提高办学质量。

近几年来，由于国家实行九年制义务教育，武校（馆）感到越办越难，他就为他们出些好点子，比如如何解决生源问题，如何加强学生的品德教育以提高他们的素质，明确指出要合理收费，等等。更重要的是，为解决学生毕业后的出路出主意、想办法。为此他提出：办武校（馆）必须明确"以文为主、以武为特色"的教育理念，为国家培养出有竞争能力的合格人才。而且他特别提醒他们，要注意学生的安全，因为学生大都为独生子女，出点儿事可了不得。还有如何完善规章制度，实行有效的科学管理，以及抓住机遇，搞好多种经营，逐步实行"以工养武"或"以商养武"等。

有朋友劝他："在家安度晚年多好！为这个出主意，给那个添砖加瓦，图个啥？"

张山老师平静地说："啥也不图。我与武术结下了不解之缘，觉得这也是积极地安度晚年！何况武术界有些年轻朋友还需要我去帮一把。这也算是发挥一点儿余热吧。"

我不由得想起了毛泽东在《卜算子·咏梅》一词中的两句话："俏也不争春，只把春来报。待到山花烂漫时，她在丛中笑。"张山老师的退休生活，就是甘当一片绿叶，"只把春来报"。要说他真有所图，就图个"丛中笑"吧！

（本文作者系《中华武术》杂志原主编）

资讯

国务院发布：
《关于实施中华优秀传统文化传承发展工程的意见》

近日，中共中央办公厅、国务院办公厅印发了《关于实施中华优秀传统文化传承发展工程的意见》（以下简称《意见》）。

《意见》提出：围绕立德树人根本任务，遵循学生认知规律和教育教学规律，按照一体化、分学段、有序推进的原则，把中华优秀传统文化全方位融入思想道德教育、文化知识教育、艺术体育教育、社会实践教育各环节，贯穿于启蒙教育、基础教育、职业教育、高等教育、继续教育各领域。加强中华优秀传统文化相关学科建设，重视保护和发展具有重要文化价值和传承意义的"绝学"、冷门学科。推进职业院校民族文化传承与创新示范专业点建设。丰富拓展校园文化，推进戏曲、书法、高雅艺术、传统体育等进校园，实施中华经典诵读工程，开设中华文化公开课，抓好传统文化教育成果展示活动。加强面向全体教师的中华文化教育培训，全面提升师资队伍水平。

《意见》提出：加强党史国史及相关档案编修，做好地方史志编纂工作，巩固中华文明探源成果，正确反映中华民族文明史，推出一批研究成果。实施国家古籍保护工程，加强中华文化典籍整理编纂出版工作。完善非物质文化遗产、馆藏革命文物普查建档制度。

《意见》提出：大力推广和规范使用国家通用语言文字，保护传承方言文化。实施中华民族音乐传承出版工程、中国民间文学大系出版工程。推动民族传统体育项目的整理研究和保护传承。

《意见》提出：加强对外文化交流合作，创新人文交流方式，丰富文化交流内容，不断提高文化交流水平。支持中华医药、中华烹饪、中华武术、中华典籍、中国文物、中国园林、中国节日等中华传统文化代表性项目走出去。加强"一带一路"沿线国家文化交流合作。鼓励发展对外文化贸易，让更多体现中华文化特色、具有较强竞争力的文化产品走向国际市场。讲好中国故事、传播好中国声音、阐释好中国特色、展示好中国形象。

（摘自：中国网）

"爱武术杯"第十六届香港国际武术节将于今年 3 月在港举办

"爱武术杯"第十六届香港国际武术节将于 2018 年 3 月 16 日至 18 日（农历一月二十九至二月初二）在香港隆重举办！

今年是香港国际武术节十六周年，"爱武术爱生活"是第十六届香港国际武术节的口号，希望世界各地人民都可以爱上武术，使身体更加健康，更幸福地生活。

本届武术节期间，活动内容：赠送参赛运动员价值 100 万元的礼品，进行香港国际武术节优秀教练员及杰出运动员 20 万元现金大奖演讲评选，目的在于奖励和培养更多武术的优秀教练员和文武全才运动员。还举行武术书画艺术品大赛、少年散打套路武状元现金大奖赛、微武术王中王比赛、跆拳道品势竞技邀请赛、武术节训练基地授牌仪式、百万纯金兵器揭幕仪式、英雄人物古装武术大赛等活动。

（摘自：香港国际武术节网）

全国功夫赛事办赛参赛指南出台

近期，国家体育总局武术运动管理中心在杭州组织召开的《关于进一步加强功夫赛事活动监督管理的意见》研讨会上，出台了由中国武术协会制定的监督管理相关配套文件征求意见稿，商业性功夫赛事活动将有规可依。

《关于进一步加强功夫赛事活动监督管理的意见》对功夫者列出八条禁令，其中要求，要规范使用赛事和活动名称，未经中国武术协会同意，在国内举办的功夫赛事和活动名称不得冠以"中国""全国""国家""中华""世界"等字样或具有类似含义的词汇。

"国内功夫赛事活动目前主要存在三大问题，首先是虚假比赛，很多头衔都是骗老百姓的。其次是安全问题，比赛中万一出现伤害事故，没人监管。最后是一些比赛涉嫌违反中国法律，比如境外运动员来中国比赛，相当一部分运动员是持旅游签证，严格意义来讲，这都是不被允许的。"国家体育总局武术运动管理中心副主任陈国荣表示，全国功夫赛事活动办赛参赛指南是武术管理部门服务好全国功夫赛事活动的重要措施。

据了解，全国功夫赛事活动办赛参赛指南适用于体育总局计划内的全国性和国际性功夫赛事活动，涵盖了专业性竞技功夫锦标赛、群众性社会功夫赛事、商业性职业功夫赛事等活动。除此之外，中国武术协会还出台了《境外功夫组织在中国境内组织功夫赛事活动监督管理办法》《全国功夫搏击类赛事活动管理办法》等征求意见稿。

（摘自：腾讯网）

太极拳发源地陈家沟举办"首届太极拳文化庙会"

春节期间，太极拳发源地温县陈家沟举行了"首届太极拳文化庙会"，为广大游客呈现游太极圣地、逛庙会、赏民俗、观灯展、学太极、品小吃等一道道丰盛的春节文化"大餐"。

该活动以"逛庙会、游圣地"为主题，推出了非遗展演、民俗工艺展、特色美食、四大怀药产品展销、太极拳表演、元宵节戏剧展演、彩灯展等9类年味浓郁、太极元素丰富多彩的群众文化活动，从2月8日腊月二十三渐次拉开帷幕，一直持续到3月8日正月二十一。

这里有司马懿得胜鼓、武德镇抬鼓、赵堡背桩行水、西周舞虎等非遗民间民俗，还有泥塑、面塑、糖画、年画、麦秆画等民俗工艺品。除了好看好玩的，美食也必不可少，豆腐宴、豆沫、捻转、肉丸、烤红薯、浆面条……这些"民间大厨"精心准备的特色小吃让你大饱口福。广大游客在游览太极圣地、感受民俗、品尝小吃的同时，更有太极拳名家、梨园春戏迷擂台赛擂主现场助阵，与游客互动交流。

太极彩灯灯展是庙会的一大亮点，除了传统灯展造型外，彩灯特别融入了太极的元素，打铁花、LED 造型灯、灯谜、舞火龙等，将陈家沟景区呈现出火树银花不夜天的景象。

（摘自：央广网）

第三届中国台州国际武术节将于今年 7 月在台州市举办

2018 年第三届中国台州国际武术节将于 2018 年 7 月 7 日在浙江省台州市举办。届时将举行传统武术套路比赛、青少年儿童大众散打王比赛、武术非遗项目展示评奖赛和区域性中国武术段位考试、蓝盾防卫技术星级等级考试等项目！

此次活动是由国家武术运动管理中心、中国武术协会支持，由台州市人民政府主办。去年举办的第二届中国台州国际武术节被媒体评为"2017 年度全国传统武术十大事件之一"。

（摘自：路桥新闻网）

首届海峡两岸峨眉功夫文化交流活动在四川省乐山市召开

日前，以"情系两岸论道峨眉"为主题的"第一届海峡两岸峨眉功夫文化交流活动"在四川省乐山市峨眉文武学校盛大开幕。来自台湾功夫文化代表团、台湾高雄基层及青年代表团与四川功夫团体、协会及当地学生等 1300 余位嘉宾以武论道、以武会友。此次活动在国台办交流局、四川省台办指导下，由峨眉山市政府和乐山市台办联合主办。

四川省台办副主任赵宇致辞中说，峨眉功夫文化有近 3000 年的历史，是中华优秀传统文化的一部分，是两岸同胞共同拥有的宝贵财富。希望两地同胞在继承和弘扬优秀文化传统的过程中，激发功夫文化的时代活力,通过彼此交流,拉近距离,贴近心灵,共同提升中华功夫文化的感召力和影响力。共创合作机遇,助力两地繁荣富强。

台湾前民意代表雷倩在致辞中用"文以载道武以行道"表达出两岸功夫同根一脉、中华文化源远流长。她用"两岸大交流时代"、"文化融合时代"、"中华文化大发展时代"寄托两岸关系能和平发展、行稳致远。她表示,大陆明确将医学、烹饪、功夫、典籍、文物等交流作为中华优秀传统文化传承工程发扬光大,此次活动不仅是对博大精深的中华文化的发扬与传承,也希望通过有形的武学交流活动,做好无形的中华文化建设,让中华功夫在全世界开枝散叶。

(摘自:搜狐网)

中国和利比里亚开展功夫交流活动

近期,中国驻利比里亚大使馆在蒙罗维亚中利武术学校举行了"中利功夫交流活动"。中国第五支驻利维和警察防暴队、利比里亚大学孔子学院和利比里亚国家武术协会应邀出席并进行了功夫交流和表演。

中国驻利比里亚大使张越说,功夫交流是中利传统文化交流的重要组成部分,希望中利两国今后能开展更多这样的活动,不断深化两国人民的交流,促进两国关系的发展。

利比里亚总统代表、总统事务国务部长西尔维斯特·格里格斯比在活动中致辞,对中国防暴队为维护利比里亚和平与稳定及当地执法能力重建所作出的贡献致以诚挚的谢意。

中国第五支驻利维和警察防暴队由广西公安边防总队独立组建。自 2017 年 3 月 11 日进入任务区以来,防暴队忠诚履行维和使命,圆满完成多项维和任务,并多次与当地社区开展友好交流活动,获得联合国驻利比里亚特派团、利比里亚政府的好评。

(摘自:人民网)

访谈

朱鹤亭：收徒弟要先看德后教武

——专访中国崂山道家传人朱鹤亭

文／杜金凤

【编者按】

享誉海内外的中国崂山道家传人朱鹤亭先生，是集道家、易学、武学、医学、养生学、气功学、堪舆学、相学于一身的一代大师。他是山东青岛人，今年79岁。他父亲是崂山道士玄中子。他在跟父亲学习道家养生学、武学的基础上，又与家中请来的先生学《周易》、《黄帝内经》、《本草纲目》等，还跟家中食客学习医、武、堪舆等，涉猎极广。

恰逢朱鹤亭先生在京之际，《中国功夫》编辑部特别指派编辑专程来到他下榻的北京香格里拉酒店进行了访谈。

《中国功夫》：最近看到法国某场竞技拳击比赛中，组织者加入了中国功夫元素，您怎么看这种现象？

朱鹤亭：我感到非常欣慰！这说明主办方丰富了拳击，壮大了拳击。对方不会功夫，我有功夫，文武之道就胜利了！等于借他的平台发扬了中国功夫。在拳击之外，拳腿并用就是中国功夫。

这场比赛至少有三个效果：一是弘扬了中国功夫；二是运用中国功夫者胜利了；三是让对方知道中国功夫更厉害。这三个效果全都产生了。这就让世界都看到，功夫已经不仅仅是中国的瑰宝，而且也是世界的瑰宝了。

中国国粹排名是这样的：第一中医，第二功夫，第三饮食文化，第四民风民俗，第五书画文化。中国的每种学问都讲文武之道，就看你弘扬的程度怎么样。

《中国功夫》：现在中国功夫进校园，已成为国家政策，您对此怎么看？

朱鹤亭：中国功夫、中国文化、文武之道是中国的强项。中国功夫扬名世界。李小龙拍了电影全世界闻名，这就是弘扬中国功夫的威力。

1994 年正月于台湾飞龙洞

世界四人文明古国最后只剩中国一个。这就说明中华民族伟大、信仰伟大。中国人吃苦耐劳、坚忍不拔。中国的发展成功有自身独特的因素。

习近平总书记强调，要承前启后、继往开来，继续朝着中华民族伟大复兴的目标奋勇前进。这体现了一种胸怀，一种对中华优秀传统文化充满自信的胸怀。复兴中华优秀传统文化，这就是不忘初心啊！人一定不要忘了根本。这是中国精神的威力、信仰的威力、物质财富的威力。这些都要好好守护。守护好才能立得住，才能独立于世界民族之林。现在，中国越来越强大，更加需要传承和弘扬中华优秀传统文化。中国功夫作为国粹，作为中华优秀传统文化，太需要进小学、进中学了！中国功夫进校园成为国策，太有必要了，非常及时啊！

《中国功夫》：您认为，武艺和武学有什么区别吗？

朱鹤亭：我是把武艺和武学分开的。武艺、武学这二者是不同的。

1996 年在德国讲授中国传统文化　　　　1999 年美国ＣＮＮ电视台

有的人为免受别人欺负而习武，有的人为养家糊口而习武，当教头，这是技巧方面，只能称为武艺，谈不上武学。

不少人能打能拼，出现很多门派。门派之间，经常为了争场地、收费等起冲突，这是狭隘之心。

练武的人要有豪气，要讲文武之道，要讲文化修养。这才是真正的习武之道！习武的精神以"文"为核心，而这个"文"要以"武"为根基，只懂文不懂武不行。治国安邦，靠文武之道，文能治国，武能保国。从更高层次看，只凭一技之长，仅追求武艺，这种境界是狭隘的，是微不足道的，不可能广泛传播。练武的人要心存博爱之心，一门心思地无私传播武艺和武学才行得通，走得远。中国的文武之道是外国所没有的。中国五千年历史能够延续下来，就是靠四个字"传承、承传"。中国功夫也是这样，如果不能理解好这四个字，就不可能延续发展。我学到的东西要传承下去，就要传给他人，让他人继续弘扬；这样的话，那他人就要承传，也就是把我教的东西传承下去。这就要有历史责任感！

对习武之人而言，收徒弟要看人！先看德，后教武！德行不好，学好后就想称王称霸，这样的人我不收！教人习武之前，我必须先考察，这个人是否心地善良，是否愿意弘扬中华文化。我想收徒弟

采访道家气功　　　　　　　　　　　1996 年在德国给咏春拳总部成员传授道家气功

要先考察，这就是文。我一看，他学武就是想以后自己能独占一方，称王称霸，这个绝对不能教！否则，雄霸之气就变成了贼气，而不是文气了！

《中国功夫》：面相与功夫有什么关系吗？

朱鹤亭：面相是人的外貌形象。人的所作所为、人的心智，都会集中体现在面相上。长相，是父母给的，是先天的；面相则带着风貌、带着文化、带着气质等，这是后天形成的。武学，不光与面相有关系，与任何学问都有联系，就连吃饭、穿衣、交朋友等都与之有联系。

武学讲究文武之道！文道和武道，跟中华文化任何方面都有联系，只是这些文化就看你会不会联系、能不能联系！这就是自我修炼的问题！每个人的文化运用、修养、追求不同，达到的目的也就不同，比如有的人练武是为了自己和子孙后代强身健体，有的人练武是为壮大自己的势力，还有的是为了把中国功夫传到全世界去，将中国的文化文武之道发扬光大。

中华文化是以中国哲学为核心进行繁衍的。中华文化要求普度众生，面向大众；要求人们修善心，要有仁义德；要做有利于社会和他人的事，不要狭隘，不要自私。这就上升到了哲学体系，要求造化人的灵魂，造化人的信念。这是非常高远、非常博大的境界。

外国文化则是重现实的、重物质的、利己主义的。这是中华文化高于西方文化的地方。

万物都是阴阳，天与地是阴阳，男与女是阴阳，水与火是阴阳，无处不是阴阳。武学的阴阳，就是在习武之中要武，在做人之中要文，要讲文武之道！

《中国功夫》：您如此精力充沛，有什么秘诀吗？

朱鹤亭：（微捋须髯，自信满满）人的一生，分童年、少年、青年、中年、壮年、老年、晚年、暮年这八个时期，你在这八个时期做什么？每一个时期怎么树人、树志、树精神，这很重要！人没有志气做不了大事，没有精神就更做不了大事！所以，为人处世先立志。精神为志气的根本，一分精神一分福，没有精神卖豆腐。

道家讲"精气神"。我先修丹道，再修五行。丹道第一，五行第二。早晨练气，站着武打，练打树叶，蹦上蹦下地打；中午练神，坐着武打，靠脑、眼神、四肢对周围事物的反应；晚上练精，躺着武打，要侧卧，练五行功法，金木水火土。早中晚各练 15 分钟。其余时间看书习字，要讲文武之道，一张一弛，看文习武、习武看文相结合，这就是阴阳之道。

我练功，重在练速度、敏捷和反应。盯住对方的手，看他手的动作并判断他的意图，对方没动手我就动手了。有一次去国外讲学，有人为了测试我的武功，竟然采取下九流的手法，偷袭下三路。我当即一把就把他绊倒在地。对方不得不口服心服。

【结束语】

盛名之下，处处充满挑战。弘扬中华优秀传统文化任重而道远。朱鹤亭先生对中国功夫、对中华优秀传统文化的殷切寄语，感人肺腑。伴随着他的坚实脚步，中国功夫文化之花正在越来越香溢世界。

（本文照片来源：蔡明刚提供）

学术

传统武学是自成一脉之文化体系

文／孙学孟

学习"十九大"精神后，我作为黑龙江省文史馆员，省传统武学研究会会长、省传统文化协会专家顾问委员会主席，哈尔滨市首届非物质文化遗产——昆仑派武功与黑龙江省非物质文化遗产——昆仑派无极门代表传承人，更加坚定中华文化自信。

中国功夫是中国的一种特有文化，是中国的一种文化品牌，是国家形象的代表，它具有深厚的文化底蕴。通过功夫作为载体进行教育，对传承与弘扬中国传统文化、增强民族认同感和凝聚力都具有重要价值；练习功夫对提高国民身体素质、增强民族自信心和增加民族凝聚力显得尤为重要。

圣人与智者皆将中国的希望与未来寄托于年轻一代身上，当今青少年在高科技领域确有许多前无古人的闪光亮点，譬如利用微信神速传览讯息，借助电脑轻松见多识广。然而，从耳闻目睹中，人们不难发现后生家尚存颇多似乎不协调之怪现象：追逐新潮，摒弃传统；通晓外语，不辨古书；胸怀大志，遇难易退；营养过剩，体弱多病；唯我独尊，缺乏孝悌；沉迷网络，淡忘家国。

和谐社会，倡导和谐。众多忧国忧民之士，期盼寻觅到解决危难化险为夷的办法，其实妙方奇招，久已存在，就在眼前，等待除去尘封，就在脚下，等待发扬继承。这妙方奇招就是修复传统文化断层，承扬经典国学精华，承扬传统武学。

武学博大精深，传承有序，在两千五百余年与时俱进的发展中，不断完善，丰富创新，扩展功能与技艺空间，而今逐渐形成既保存原始风貌、独特的运动形态，又海纳百川，包罗庞大的文化体系。

　　武学奠基者是"中国哲学之父"、中华文化第一人——老子与"兵圣""兵学鼻祖"孙子。武学从狭义上讲是关于人体生命运动的学说，从广义上说乃参天地自然运化的学问。自然界是大宇宙，人体是小宇宙，通过人体小宇宙来认识自然界大宇宙，进而达到对自身与自然的改造，实现进化、完善自我，达到天人合一的境界，正是传统武学的真谛所在。

　　我作为数学教授、功夫学者、文史专家，中国最古老的武学宗派——昆仑派掌门，经过逾半个世纪潜心研求，全面研究中国武学文化与相关传统文化，经溯流祖源考证，探明武学并非仅是从属于体育之运动项目，而是自成一脉之庞大文化体系，并以科学发展观为指导思想，对传统武学及其现实意义与长远价值进行系统研究与科学论述，重新正确地为武学定位，创建武学系统科学理论体系。

孙学孟 2011 年出席中华武林大会与全国五大宗派掌门在崆峒山论剑

一、为武学正名

武学与文学并为国学之柱，本无主次轻重之分。儒家五经之一、上古之《尚书》云："乃文乃武，相与并论。"

国学实为国文与武学两大端，传统文化凡文字记载，固而不动者，如古籍文献、诗词歌赋，皆属国文；而其余身口相授，运动继承者，如功夫养生、琴棋书画，均为武学。

传统武学是具有悠久历史的古老科学，又是一门应用广泛的新兴学科。

传统武学博大精深，自成体系，却又是与体、德、智、美诸育密不可分，不仅具有竞技表演健身功能，而且具有无可替代的现实与长远价值，对社会文化与现代教育发展有积极的促进作用。

二、示武学实质

传统武学和古代文学、哲学、中医学、宗教学、文艺学、心理学、伦理学、军事学、养生学、美学、伦常学、生理学、人体科学、社会学、仿生学等诸多科学与气功、书法、国画、古乐、京剧等传统文化的关系密切却又自成独立的体系。

武学包括武德、武论、武艺，儒家的德行、道家的道心和佛家的佛性对武德有影响。

武学核心为武德、武论、武艺。

1. 武德是武功的灵魂，是武学赖以生存的前提。"未曾学艺先学礼，未曾习武先习德。"

武德受儒家的德行、道家的道心、佛家的佛性影响，其本质特征，依旧为仁、义、礼、智、忠、孝、信、勇，却又赋予符合时代与社会发展之新内涵，凸显现实价值与对构建和谐理性社会之作用。

"武以德立，德以武显"，强调武德在武学中的重要地位。

"崇德尚武学文化，修身养性固根基"，阐明武德与武论是武学之本。

2．武论是武功的基石，是昆仑武学赖以发展的保证。

武论是以昆仑派鼻祖老子道德观、孙子兵法等古代功夫理论为基础，以养生、技击为要旨之系统理论，涉及易经、阴阳虚实说、形神论、气论、道论、动静说、刚柔说、阵法、军事与教法等诸多学术知识。

自古以来，武学的培养目标是文武兼修，要求理论与实践结合。习武者要熟知兵法、有勇有谋，确保武学精粹得以流传。

3．武艺是昆仑武功的核心，是传统武学赖以传承的载体。

武艺，又称技击、国术、功夫，亦即传统功夫，以中国传统文化为理论基础，以内外兼修、术道并重为鲜明特点。

刚柔相济阴阳变，神形兼备内外合。强调手眼身法步、精神气力功的高度协调配合，完整统一，注重阴阳平衡、天人感应、身心合一的最佳效果。

武功合武德、武论、武艺于一体，技术理论体系完备，仅非物质文化遗产昆仑派武功即存独特功法与器械达百种。

孙学孟演练昆仑精拳

三、扬武学之功

昆仑武学作为中国古代养生学源头，其经典的养生哲学，为现代养生学奠定夯实理论基础，其神秘的养生功法，为现代养生提供诸多极其珍贵的养生之术。

1．三大养生理论

（1）武学最高境界是养生，养生始于孕前，伴随人们一生。

（2）科学养生实为系统文化体系，包括哲理养生、心理养生与生理养生三大端。

（3）企业长足发展的关键是创业与守业养生。

2．武学价值与功能

（1）武学价值

武学实质是一庞大的文化体系，具有健身与益智、技击与学术、教育与文化六大价值。

（2）武学功能

武学应用广泛，具有养生、养性、养颜、防身、健体、技击、治病、疗伤、增智、益寿十大功能。

（3）武学地位

传统武学地位显赫，是中国功夫的源头与根基，是中国国学的精华与活化，是中国功夫的最高境界与层次，是中国乃至世界极其宝贵的文化遗产。

3．武学与现代教育

传统武学是具有悠久历史的古老科学，又是一门应用广泛的新兴学科。

传统功夫是为自身安全养生所需，其外动内练皆与自然融合，符合生命运动规律，更能满足人类社会需求，为其插上文化翅膀，更加有利于昆仑武学重现昔日辉煌。

时代的呼唤——科学系统武学理论应运而生，既保持传统的神韵，又具备新鲜的色彩、现代的音符，使昆仑武学产生质的飞跃，具备不可替代的现实与长远价值。

传统武学蕴含深刻的中国传统哲理的奥妙，是中华民族几千年历史文化的载体，具有浓厚的东方文化背景，既可令人赏心悦目，又能满足自身所需，其在演练方法上注重内外兼修，演练风格上要求神形兼备，更重视精、气、神等内在的修炼，具养生奇效。

武学之基本功能当为养生，武学最高境界亦是养生。

承扬传统武学对推进全民健身养生运动，提高国民综合素质与生活质量，促进我国教育、体育、文化、经济的繁荣与发展皆大有补益。

现代养生学包含哲理、心理、生理养生三大端，而传统武学囊括武德、武论、武艺三大系，与现代养生学关系密切尤甚。

武德属哲理养生范畴，有武德者，心底无私天地宽，身心康健度百年。

武论属心理养生范畴，知武论者，知其当然所以然，养生奇效达高端。

武艺属生理养生范畴，得武艺者，虎豹恶徒侵害难，延年益寿胜神仙。

武德催人爱国敬业，诚信博爱；武论可使知识融会贯通，便于汲取吸纳；武艺能改善人精神气质和认知潜质，建立内心体验悟性结构。

研究、继承、发扬、推广和普及昆仑武学是学校贯彻素质教育、稳步提高学生综合素质的最佳途径。

传统武学中内功、外功、硬功、轻功、气功、柔功、桩功、意功、劲功等功法训练技巧，道术结合、内外兼修、形神具备三重教学方法，以学为主、以练为主、以用为主三阶段教学方法及德育、智育、体育、美育四项教化效用，皆有独到之处。应积极推广传统武学，以适应时代和社会需求。

弘扬昆仑武学，古为今用，有益于促进现代教育发展。昆仑武学对诸多疾病预防和治疗及心理健康、智力开发具有极为特殊而重要的作用，是提高学生综合素质的最佳途径，有益于实现"体教结合"，使受教育者德、智、美、体四育全面发展。弘扬传统昆仑武学，有利于发扬爱国主义，光大民族精神。处于经济与科技全球化时代，受西方文化与家庭溺爱影响，学生价值取向偏差，难以承受挫折，弘扬传统武学，可以增强意志和毅力与民族自豪感。

善养生者，当知养生始于孕前，伴随人们一生。八年前中国已步入老龄化社会，人们对老有所乐、延年益寿最为关切，而对青少年却是关注学业远胜于养生，由此造成青少年普遍身体健康水准逐年下降。实践证明，传统武学不只是老年人追求健康长寿的最有效通途，也是青少年提升综合素质的最佳捷径。

提高国民综合素质，有益于构建和谐理性社会、发展我国文化与相关产业、提高我国国际影响和地位、开辟与拓展就业渠道、增强民族向心力与凝聚力、抢救祖国非物质文化遗产、促进阳光体育运动深入开展，利于全球化中国教育开放策略发展实施，具有重要的现实与长远价值。

传统昆仑武学，为往圣继绝学，为万世开太平，可以造福当今，泽于后世。不仅为现代养生学作出巨大贡献，而且有利于提高整个中华民族乃至世界人民的综合素质，对展现中华民族文化精粹、增强海峡两岸和海外华人的文化认同、推动中国武学文化产业的发展、提高中国在国际社会的地位皆有积极意义，应大力弘扬光大之。

山东非物质文化遗产"传统武术"项目研究

文／李成银　郭会丽　林志刚

　　山东作为中国古代文明的发源地之一，历史的长河在齐鲁大地积淀出厚重的文化底蕴，孕育出大批具有地域特色的非物质文化遗产项目。

　　非物质文化遗产保护领域从原来的民族民间艺术，拓展到目前的十大门类，内容更加丰富全面，"传统体育·游艺与杂技"类是我国非物质文化遗产项目类别之一。山东省此项目类别中"传统武术拳种"居多，成为此类别中最具特色和代表性的项目。截止到2018年元月，据不完全统计，山东省已列入国家级非物质文化遗产的项目有冠县查拳、莱阳螳螂拳、东明县佛汉拳、安丘孙膑拳、临清肘捶、新泰市徐家拳，共计6项（不包括拓展项目）。

　　已列入山东省省级非物质文化遗产项目共计有37项：梁山武术、梅花拳（山东梅花拳学会、梁山县）、汶上文圣拳、子午门（梁山县、东平县）、新泰市徐家拳、孙膑拳（安丘市、青岛市市北区、青岛市李沧区）、大洪拳（菏泽市、郓城县、滕州市）、二洪拳（鄄城县、曹县）、巨野县二郎拳、青岛市崂山区崂山道教武术、济南市济南形意拳、青岛市城阳区傅氏古短拳、临清市临清潭腿、螳螂拳（栖霞市、青岛市崂山区）、莱州市吴式太极拳、蓬莱市戚家拳、乳山市牛郎棍、临沂市兰山区黑虎查拳、东明县武术点穴法、滨州市滨城区程派高氏八卦掌、滨州市滨城区燕青拳、莘县张鲁查拳、东阿二郎拳、青岛市市南区鸳鸯内家功、洪派太极拳、聊城市东昌府区梅花桩拳、胶州三铺龙拳、威海市环翠区尹派宫式八卦拳等28项，拓展项目9项，共计37项，分布在山东省21个县市区域范围内，充分展现了山东省武术之乡的本色。各项目都反映了申报地鲜明的地域特色，长久以来在传承民族优秀文化、推动当地经济建设方面产生了不可或缺的重要作用。

经研究，我们认为山东省非物质文化遗产中"传统武术"类项目的历史发展周期可分为：发展期（明末清初前后）—繁荣期（清代中叶至民国）—持续期（民国后期至上世纪八十年代末）—式微期（上世纪九十年代至今）。

一、发展期（明末清初前后）

明代是武术集大成时期，该时期的武术有了南、北派之分，并建立了完整的武术体系。山东尚武之风盛行，形成了具有独特风格的北派拳术。明末清初前后是山东非物质文化遗产中"传统武术"类项目从萌芽逐步走向成熟的时期，多数以创始人的身份和相关史料记载，加之创拳始末为由来，表现为从单纯的程式化技艺传授到相关理论的初步形成与完善。如戚家拳，由明代民族英雄戚继光所创，戚继光从民间著名的十六家拳法中，吸取了三十二个姿势编成拳套，称作"拳经"三十二势，编入《纪效新书》卷之十四，即《拳经捷要第十四》，作为士兵练习刀枪剑棍等兵器的"武艺之源"，后世称之为"戚家拳"。

高密"地龙经拳"有独特风格，以一套繁多的倒地腿法及摔跌法而不同于其他的武术拳种。它以刚猛遒劲、柔中带刚、朴实无华的风格，套路紧密连贯、由繁到简、内容充实、招法多变、利于实战的特点，在全国武术界中独树一帜、久负盛名，深受武术爱好者的青睐，其艺术价值和艺术生命力，在武术史上具有非常重要的研究和开发价值。相传清朝雍正年间，有一批在京中候用的侠客，因犯事遭大清皇室所派的大内高手追杀，四处散落潜入民间。有一身怀地龙经拳术的侠客在被追杀过程中落难高密与平度交界地。在尚留一口气息之时被当地乡民从一草垛中救出，对乡民救命之恩无以回报，便留在此地经过两年时间将全套地龙经拳术传授给乡人，此后地龙经拳便在高密民间广泛流传开来。

发源于山东省平阴县孔村的太平拳，由清康熙年间王氏高祖王翀宇所创。王翀宇，孔村人，生于1616年，卒于1712年。据《清·平阴县志》载："明季国初，邑地大乱，王翀宇平贼治乱，为民排忧解难，乡邦赖以安。"他骑马提刀，人到何处，何处太平，乡人送号"太平王"。王翀宇顺治三年，解平阴之围后，圣上恩赐"任侠"辛卯年中式武举，后被征用为官。六十六岁还乡（康熙二十一年），乡人称"太平王爷"，绰号"铁脖子"，从此在家修身传武，所传武艺为太平武艺。

发源于临清塔头"十二趟空"（空，音 kuo 括）拳，创始人刘昆（1834—1913），临清国塔头人，清国子监监生（武监生），自幼开始习练洪拳、查拳，与同时期农民起义军"黑旗军"领袖宋景诗师出同门。刘昆好武成痴，多方游历，遍访名师，集多家拳种优点及精华，在清穆宗同治三年（1864年）创编出一套技击性强、易学易练的实用独门拳法，因在鲁西北方言中空即括之音，取名"十二趟空"拳，意即"囊括众家之长，虚而不虚、空而不空"之拳义。当时适逢国家战乱，兵害频发，匪患猖獗，刘昆遂组建民团，传授武艺，训练乡勇，为附近乡邻防匪护庄。因该拳法实用性强，易学易练，迅速在附近村庄广为流传，一时间临清城南五行塔头（今属八岔路镇）习武之风日盛，为匪盗所惧，皆不敢来此侵扰，塔头"十二趟空"拳之名曾一度誉满当地武林之中。

刘昆所创"十二趟空"，技法独特，发力迅猛，刚柔兼备，步法多变，打法刁钻，拳有开山之功，臂有鞭梢之力，尤以稳、准、狠著称。"十二趟空"拳以四路锤法、四路掌法、四路腿法，结合各种步法组成，以注重实战为主，拳法、步法、掌法、腿法配合紧密，攻防自如，贴身近打，放长击远，能攻敌于丈外。

"牛郎棍"为明末清初农民起义领袖"于七"（后化名燕飞）所创。牛郎棍基本内容与技术体系较为完整，包括田字鞭、十字鞭、长蛇鞭、龙虎斗鞭等，此外还有南斗六星刀、北斗七星剑、华夏流星枪、虎头双钩、铁砂、养神功等内容。

二、繁荣期（清代中叶至民国）

清代中叶至民国是该类项目从内容的不断成熟到技术理论体系的形成与定型时期。该时期是民族矛盾和社会矛盾交织背景下的民众武装起义反帝反封建斗争的多发时期，在这样的背景下，武术在这一时期得到了广泛而深入的发展，武术在这一时期进入了繁荣期。山东民间尚武意识的崛起作为一种约定俗成，肩负民族兴亡的责任和义务成为一种普遍共识。中日甲午战争后，在反对帝国主义的热潮中，山东群众性练武活动形成高潮。山东鲁西南地区是义和团运动的策源地，义和团民众家家户户使拳弄棒。在冀鲁交界处，往往一村或数村联合延请拳师，设立场子或挖地窖，光臂露胸，习拳练武。清代末年，山东与直隶交界的一带民间广泛流传大洪拳、二洪拳、形意拳、肘捶、弹腿、梅花拳、查拳等。临清肘捶，是山东省土生土长的拳种，该拳的创始人张东槐是临清唐元乡瑶坡村人，生于道光二十四年（1844年），卒于光绪二十七年（1901年）。肘捶体系的形成与定型约在1874年前后，距今已有140余年的传承历史。肘捶主要分布在临清、临西及周边地区，在北京、济南、山西、湖南、广东都有传人。据考证，该拳成为义和团运动中民众所习内容之一。

孙膑拳是以战国军事家孙膑的名字命名的中华古拳，技术和理论体系完整，具有散手、武术精华之特点。孙膑拳在安丘的传承可推至光绪十年（1884年）。孙膑拳流传至今，有史可考的已历经六代，其传承谱系完整、脉络分明、可证可考。其分布以青岛为核心区域，周边有高密市、昌乐县、安丘市、济南、淄博、聊城阳谷、东阿等，辐射区域达北京、台湾、湖南、湖北、江苏、河南等。

辛亥革命后，民间习武开禁，尚武之风渐盛。军政当局为了训练军警人员和体育师资，开始倡导国术。在武术传习所、国术馆中云集了全省乃至全国的武术高手，不分门派，各种拳械、流派任其传授，促进了武术的交流和发展，大大丰富了山东武术的内容。在民间武术家成立了一些武术训练兼研究性质的团体，国术馆所属的武术练习所、社及农村拳房等遍布全省各地。据有关文献资料统计，上世纪二三十年代是山东武术颇为繁荣的时期，山东建立了多层次的武术机构、团体，有山东省军士武术传习所、山东省武术传习所、山东省国术馆等 68 个县级国术馆。1934 年，掖县国术馆成立，修丕勋任教务主任，一时间吴式太极拳弟子遍布莱州，现流传在莱州的吴式太极拳老架，均师承于他手。山东传统武术文化遗产在这一时期得到了传播和发展。

三、持续期（民国后期至上世纪八十年代末）

民国后期至上世纪八十年代末，是山东传统武术不断持续发展的重要阶段。良好的社会环境促使民间武术活动长足发展，山东传统武术经历了抗日战争、解放战争。比如：抗日战争时期，爱国武术家杨明斋，早在青岛国术馆任教期间就传承孙膑拳，积极组织抗日，最终在河南省永城县罗寨战役中为国捐躯；孙文宾新中国成立前秘密从事共产党地下工作、新中国成立初任山东省武协副主席，为新中国的成立、武术事业的发展贡献了自己的力量。再如傅士古短拳第四代传人傅兴斗，抗战时期在擂台上痛击日本侵略者扬国威。

著名抗日烈士赵登禹，山东菏泽人，自幼习练大洪拳，于 1914年春带领部分习武的师兄弟，离师从军。后被冯玉祥将军重用，"九·一八"事变后，赵登禹奉命在山海关御敌，任喜峰口我军前敌总指挥。为提高部队战斗力，赵登禹特邀师傅朱凤君到部队传授大洪拳截手刀刀法，历时月余。后赵登禹凭借深厚的大洪拳功夫和大洪拳截手刀刀法，身先士卒，与全体将士一道，手持大刀夜袭敌营，取得了著名的喜峰口大捷。自喜峰口大战至北平沦陷，追随赵登禹从军的 1000 余名菏泽大洪拳弟子绝大部分血洒疆场，为国捐躯，幸存者仅有数人。

"文化大革命"期间，许多武术活动和老拳师遭到迫害，但是在中央政府和山东省政府的重视下，山东武术事业仍得到很好的发展，尤其是上世纪八十年代开展的全国范围内的传统武术挖掘整理工作，山东挖掘整理出广泛流传的百余种武术拳械套路和实物，其中就包括现在被列入非物质文化遗产名录的部分拳种。

四、式微期（上世纪九十年代至今）

上世纪九十年代以来，随着市场经济的不断发展、外来多元文化的不断冲击，以及人们思想意识和价值观的转变，导致了"传统武术"类项目日趋式微，直接影响了非物质文化遗产项目的生存空间。另外，老一代的拳师和习练者大都年老体弱，其生活上也得不到应有的待遇。山东传统武术类项目可持续发展正受到挑战，2014年以来，山东传统武术的挖掘整理与保护受到了山东省文化厅非遗处领导的高度关注，从政策、经济等方面给予了大力支持与扶持，推动了山东省优秀传统武术项目的保护、传承与发展工作，使萌发于和广泛流传于山东省的优秀传统武术拳种焕发了勃勃生机，并于2014年专门立项成立了"山东省传统体育、游艺与杂技类保护标准课题研究小组"，拨付科研专款进行了专门研究。

山东省是文化大省，也是武术大省，"传统武术"类中每个项目都有百年以上的历史，内容丰富，体系完善。其"历史渊源"及"传承谱系"均有明确清晰的历史沿革、分布状况以及创始人、传承人的记载，据考证这些项目80%以上产生于明清时期。项目所在地域主要分布在山东境内鲁西南、鲁东一带，其传播路线都是以拳种发源地或流传地为核心区域，辐射周边地区以及其他省市，其传播触角甚至已经涉及其他国家并广为流传。此外，每一个项目的产生都与创始人所在历史时期和社会环境有着密切的联系。山东人民富有革命传统，在漫长的封建社会中，山东人民无数次的反对压迫武装起义，沉重打击了封建统治和帝国主义的侵略。清中叶以前有于七、王伦等人领导的起义，近代有幅军起义及捻军斗争，清朝后期有太平天国运动，以及较大规模的义和团运动等。山东传统武术文化遗产在其产生、演变、发展的过程中都与当时的社会斗争有着一定的联系，并在反封反帝的民族斗争中起到了重要的作用。

山东非物质文化遗产"传统武术"类中每个项目都具有独特的技术风格和丰富的内容体系，每个项目都深深植根于地域文化传统，与当地群众生活休戚相关，真实演绎再现了齐鲁儿女自古以来生产生活、民俗民风的全貌以及在推动社会进步和历史发展过程中不可磨灭的丰功伟绩，见证了齐鲁大地活的文化传统的独特价值，体现了山东省各族人民群众的创造力、文化价值和审美情趣，研究其历史渊源，探讨其历史发展规律，对适应现代社会需求，保护、传承和发展优秀传统文化具有重要意义。

崆峒功夫的特征

文／姚学礼

崆峒功夫是一个开放性的功夫流派。它的开放性、包容性、传统性和本土性是互融的。

多民族的融入，使崆峒功夫不断被选择和发扬光大。在黄帝时代有酋长国一万多个，随着大部落相互并合，成为大部落的有几百个到数千个。地处边关的陇山，群山绵绵，是多民族散居地，各民族功夫在交往中交流、优化、淘汰、替代，使崆峒功夫实战能力超乎于群。

战争和实战，使多元的崆峒功夫能够传承下来。崆峒派掌门人不能只理解由一个"人"传承，而是以"众人"传承、民间多家传承、无名教头为主流。

开放性和包容性最主要的表现是，崆峒派功夫的掌门人不全是本土的宗师坐镇崆峒，而是通过秘传、民间自传，将异族异籍人奉为掌门人，如广成子是广成族人，不是崆峒族人，却成了崆峒派功夫创始人。黄帝是生于轩辕之丘的有熊人，却传承了崆峒功夫。张三丰是宝鸡人，来崆峒习武，却以崆峒之武传至江南一带。燕飞霞、花舞影在日本设立崆峒功夫馆，教日本人学崆峒功夫。燕飞霞在日本传派于日本人花舞影，成为崆峒功夫掌派人，这使崆峒功夫得以在国外流传。

崆峒功夫将崆峒巫术、法术、幻术、魔术、方术等技巧融入，曾使崆峒功夫成为有名的"异术"、"邪术"，称之为崆峒派追魂门。因而崆峒的异人、邪术被历代文学作品描述成中国幻术、巫术的发源者。崆峒边塞最早使用的当时人们不懂的"科学"、"化学"战，借助飞弹、迷雾、火药技巧作攻打术，是崆峒功夫区别其他功夫单纯用硬功的标志之一。

古代崆峒山区全民皆武，凡人是兵。崆峒地区的人是"军队"之后裔，今日农耕或坊匠皆是武人后代，以武为业，好打尚斗，讲究强取豪夺。这里曾是绿林出没、文人武化、投笔从戎的功夫之乡，故在远古时代崆峒功夫是以民间功夫为流传方式。

古老的崆峒派功夫依其主要特征可分为太极术、猴术、马术、空同道四大类。

一、太极术

它讲求阴阳对应思维，依伏羲画卦为启发创造了中国最早的太极拳——古太极八式，将一阴一阳谓之道，变为一阴一阳为之武，各套路动作讲辩证以开合、软硬、内外、快慢、动静、正反、形神、刚柔、抑扬、转停、高低、虚实、伸缩、进退等相结合，将巫术与功夫相结合，讲究五行相生相克原理。最常见的是太极拳、棍、剑、骑射。

二、猴术

它是从崆峒功夫作用于地域场所而出现的。崆峒功夫较多表现为"山兵"动作，为适合山地斗打，以猴动作在高低不平的山地形成功夫动作模仿。猴子的善爬、善攀、善躲、善攻和快捷、灵活、机智动作融入功夫中，成为崆峒功夫区别其他功夫的特征。许多套路中多使用木棒。摸爬跳跃跑滚翻闪躲抓伸缩蹲站转溜冲等动作灵敏机智。使用的武器有飞弹、木杆、弓箭、刀剑、斧、枪、矛、鞭、枷、镖、锤等。

三、马术

它是指骑马作战的功夫，在马上使用刀剑矛锤斧戈鞭箭等，但使用最多的是骑射，使冲杀快捷。马上功夫是崆峒功夫的主要表现形式。从实战需要，崆峒马术由十八般武艺发展到八十多种。从远古到民国，骑马打天下，骑马作战几乎是崆峒武人的普遍行为，不骑马作战或使用功夫的人是少数。而崆峒山区因多山坡山路马不宜行，崆峒守山之人多以步行用武为主。将步行动作的腿功收在马肚，主要以双臂作战，身下配合马的跳跑动作，使自己与马融为一体，马上武功从民国马步芳的骑兵之后渐已失传。

四、空同道

它是将崆峒功夫与空同道融为一体，成为相生相存崆峒武功，这是崆峒功夫流派区别其他功夫的主要特征。崆峒功夫的武德以空同道为思想理念。崆峒武士讲空同道精神。空同道信守"以战死为荣，病终为不祥"。这种武德是：忠、义、仁、勇。勇是品德，以义勇为胆，称为"剑胆琴心"。侠义之"义"是其侠行的核心。从空同道的哲学思想讲是广成子的"守一处和"，即将力与精神融为一体，求形神兼备，道与功一致，使韩非子讲的"法、术、势"从形式到修心"和"而为"一"，"一"是义勇的"和"成，这才能使自己成为天下第一。

（本文作者系中国崆峒功夫研究会副会长、平凉市原文联主席）

中国武术审美文化的价值

文／李成银

中国文化是一种关注宇宙生命化生的生命文化。中国古代哲学的深层意蕴正是从宇宙生命本体出发，视天、地、人为统一于"道"的生命流程，因而形成了"天人合一"的生命哲学思想。在这种生命价值观影响下形成的整体思维、意象思维以及和谐理念架构了人与自然沟通的桥梁，奠定了中华文化诗情画意的审美情趣。

中国武术是中华文化的全息缩影，无疑深深打上了中华审美文化的印记。广袤的大自然不仅为中华文化增添了对生命之美的无尚颂扬和诗情画意的流光溢彩，而且也为中国功夫的形成与发展提供了丰富的自然元素和文化基因，彰显了"天人合一"的中华文化理念。中国武术作为传递中国审美文化的重要载体，承载着主体的情感体验和审美意识，散发着自强不息、厚德载物的中华民族文化精神和人文情愫，并内化形成了特色鲜明的"侠义精神"，给人们带来多位立体的中国武术审美文化。

中国武术审美文化脱胎于中华审美文化，立基于"天人合一"的生命观，体现了人与自然、人与社会、人与人之间的和谐统一。中国功夫讲究"内练精气神，外练筋骨皮"、强调"手眼身法步、精神气力功"的整体训练原则，追求"内外合一"、"形神兼备"的审美境界。刚柔并济、快慢相间、动静有致、虚实相生等武术技术要领与技法要义营造了玄秘奥妙的武术意境，折射出中华生命文化蕴含的审美图景和生命意蕴。比如，太极拳中的"白鹤亮翅"动作，将"白鹤"之美融合到太极拳之中，使人联想到"鹤舞白沙"的美丽画卷，从而体现出一种"物我合一"、"情景交融"的生命之美，正是中华文化"天人合一"的生命哲学思想在中国武术中的映射。

中国武术具有审美价值，已成为不争的事实。20世纪八十年代"美学热"在我国兴起，引发了中国美学理论的深入拓展和学科交融，"武术美学"也引起了学界的关注。不少学者从武术审美价值、武术审美形式等方面对武术美学问题进行探讨，有一些论文、散记、评述等公开发表，但比较深入、系统的研究成果较少，关于武术审美文化方面的专著更是凤毛麟角。欣闻孙刚主持的国家社科基金项目《中国武术审美文化研究》已顺利结题，该成果被人民出版社选用而即将出版，难抑欣喜之情。孙刚是我2000级的硕士研究生，2003年毕业后留校工作至今。孙刚自幼习武，才思敏捷，勤奋好学，善于思索，不仅武术专业技术水平优异，而且长于理论思辨。他的硕士学位论文《曲径通幽体认生生——从"天人合一"的生命观论太极拳哲学思想》，就立足于中国哲学"天人合一"思想，展开对太极拳生命哲学思想的探索。这一选题也深受我于1997年在西安体育学院由中国武术研究院主办的"全国武术专题研讨会"上所做的报告《创武术哲学促武术发展》的影响。该学位论文被评为山东省优秀硕士论文。此后，孙刚继续追索于这一研究领域。博士期间，师从我国著名武术教育家、北京体育大学博士生导师朱瑞琪教授，其博士学位论文《中国武术的美学思想研究》获得答辩专家的高度评价。博士后期间，师从全国文化名家、国家教学名师、博士生导师戚万学教授，其博士后出站报告《新时期学校武术教育的文化选择与体系架构》被专家组评为优秀，并获得中国博士后科学基金特别资助，这对于武术界乃至体育界都是难能可贵的。多年来，孙刚一直致力于中国功夫文化、武术教育及导引养生等民族传统体育理论和实践研究，成果丰硕。《中国武术审美文化研究》的即将问世，对于孙刚来说，既是一次挑战，也是一次检验。面对浩如烟海的中国武术，加上审美文化的复杂性，研究的难度可想而知。孙刚敢于直面这种挑战，提出了一些鲜明的、富有启发性的观点，并且进行了较为系统的研究，这种知难而进的学术精神令人可敬。

阅读全书，令人耳目一新。全书共分为七章。在梳理前期研究成果的基础上，提出了上古英雄神话是中国武术审美文化形成的文化源头，体现了一种始源性研究特色；架构了"武形"—"武势"—"武韵"—"武神"不同层面的武术技艺审美形态和武术技艺水平高低的审美评价标准，为人们欣赏武术提供了一定的理论依据；构建了"自然具象"—"武术形象"—"武术意象"—"武术意境"的中国武术审美意象再造理论；提出了中国武术审美文化中的自然意象、身体意象、人文意象的三层次意象结构；阐释了武德审美文化阳刚之美和阴柔之韵的结构内涵，彰显了中华"和合"文化的"仁"、"礼"、"和"与"义"、"勇"、"信"的思想理念；勾勒了中国武术审美文化特征。该研究成果彰显了中国武术审美文化不仅蕴涵在武术技术、技法的表现形式之中，而且蕴涵于习武之人高尚的人格品质、道德践行之中，从中国武术精神中折射出阴阳和合、内圣外王的中国文化人生哲理。因而，中国武术不仅仅是一门攻防兼备的技击术、一门强内壮外的健身术、一门身心合一的养生术、一门形神合一的肢体艺术，更是一门性命双修的人性修炼术，是一部修炼人的心性、提升人的道德境界、弘扬真善美的教育宝典。中国武术作为一种情感主体化的审美载体，一方面指向对自然本真的生命复归之道，另一方面又指向对人文价值的精神审美诉求，体现了一种主体化了的"天人合一"生命理想寄予。研究呈现出系统化、体系化特色，具有较高的理论价值，创新之处填补了中国武术美学研究领域的空白。

孙刚深入挖掘中国武术印记中的中国优秀审美文化传统，并吸收西方审美文化经验中合理成分对比分析，难能可贵。尤其是，将飘渺玄奥的审美文化理论与武术实践紧密结合起来，既入乎又出乎中国古代美学，既不感枯燥无味、晦涩难懂，又顿觉神清气爽、意蕴隽永。虽然有些话题是大家耳熟能详的，但孙刚强化了理论分析，并融汇了有血有肉的个案，从而将理论与实践充分结合起来，阐解详尽，论证有力，深入浅出，通俗易懂，将学术性与通俗性融于一体，使该成果具有了较高的实用价值。比如，我们常说的中国武术的"形神兼备"问题，该研究能够以"形""神"这对中国传统美学范畴为突破口，将中国武术技艺从武术之"形"—"势"—"韵"—"神"的不同层面进行理论剖析和审美评判，有利于读者从审美视角对武术演练者进行技艺评价和武术鉴赏，这无疑又具有了指导实践的应用价值。

孙刚视野开阔，才思敏捷，笔歌墨舞，酣畅淋漓，体现了较高的武术理论素养和扎实的功夫文化功底。总之，此书可谓是一部真正从学理性层面研究中国武术审美文化的学术性著作，对于丰富中国武术基础理论、推动民族传统体育学科建设和发展具有重大意义和较高的学术价值。

人物

郑祖杰：我的"咏春"我的梦

文／刘新平

迄今为止，与郑祖杰曾有过两次长谈。

第一次是 2015 年 10 月 19 日，福州。此前一天，在福州举办的全国首届青年运动会开幕式上，他亲率几十位弟子和 1200 名大中学生，为现场数万名观众进行了一场气势宏大的咏春拳表演。为那场表演，他夙兴夜寐，整整忙活了近两个月。开幕式结束后，他一直悬着的心才放了下来。于是，在南方那个初秋的午后，我们有了一次促膝长谈的机会。他回顾了自己结缘咏春、修习咏春的经历，讲述了为咏春申报国家级"非遗"的过程……而他对功夫的痴迷，对咏春的热爱，也让我叹服不已。

第二次是今年的 1 月 27 日，北京。那几天，他正在为中央军委警卫局的官兵教授咏春拳。忙里偷闲，那个北京隆冬的夜晚，我们有了第二次长谈。这一次与上一次相比，他给我的感觉是既熟悉又陌生：他对功夫的痴迷、对咏春的热爱，一如既往；而他对公益的无悔付出、对社会舍我其谁的责任担当，则让我看到了一个全新的郑祖杰。这一点，仅从他近年来留下的足迹中便可见一斑——

2017 年 1 月全球华人华侨春晚舞台上，携手少林塔沟武校学生，以精彩的咏春拳表演，在全球华人华侨中产生强烈反响；

2017 年 5 月 21—23 日，在第九届海峡两岸中华武术论坛上推介咏春拳；

2017 年 5 月 31 日，"一带一路"沿线国家儿童在京共度"六一"时，为中外儿童演示咏春拳；

2017 年 9 月 23 日，参加"喜迎十九大·文脉颂中华"非物质文化遗产大型网络传播活动；

22017 年 10 月 23 日，参加福建省优秀非遗项目赴台交流；

2018 年 1 月 4 日，带领宁夏中小学骨干体育教师体验五枚咏春进校园传承示范课程；

2018 年 1 月 7 日，为福州铜盘社区送去咏春拳公益体验课……

"咏春"之梦

郑祖杰初识"咏春"，源自一代功夫巨星李小龙。

时至今日，郑祖杰还能回忆起第一次看完《唐山大兄》后的内心感受。"他的动作那么迅捷，那么有爆发力和冲击力，太令人震撼了。"

与那时的无数热血少年一样，郑祖杰立刻成了李小龙的忠实粉丝。他搜罗了能找到的李小龙的各种录像带，从《精武门》到《猛龙过江》，再到《龙争虎斗》，一遍遍不厌其烦地看，细细揣摩偶像的每一个动作。

一天，他知道了李小龙是咏春弟子，师从咏春拳宗师叶问。"咏春"，就这样走进了郑祖杰的心里。他从当时流行的《武术》和《武林》杂志上查找所有关于咏春拳的文章，越读越感觉到其拳法、拳理的博大精深。从很小的时候，他就开始习练传统武术，但却一直没有明确的路径和方向，很难更上层楼。迷上了咏春之后，一个梦想便在他心里扎下了根，那就是，有朝一日，自己能够如偶像李小龙一样，成为一名咏春弟子。

1993 年，16 岁的郑祖杰考入福建省警官学院。学院有两个学员训练队，一是传统武术队，一是自由搏击队。有武术功底的郑祖杰成了武术队队长。几年时间里，在紧张的学习和训练之余，他始终没有淡忘心里的那个"咏春"梦。只是因为咏春拳在福建的传播极为惨淡，习者寥落，名师难寻，郑祖杰也就一直都不得入门之道。

1998 年，一个天赐良机出现在郑祖杰面前。他在《海峡都市报》头版看到一则消息，说爱国武术家、咏春拳第七代传人郑忠大师花费巨资赎回的国宝文物，正在某展馆展出。他立即写了一封信向郑忠表达自己渴望成为咏春弟子的拳拳之心，并请展馆的工作人员代为转交。一个星期后，消息传来：郑忠以事务繁忙为由，拒绝了他的请求。此时，若换个人，大约也就放弃了。但郑祖杰抱着"诚心感动天和地"的信念，再次将热切渴望拜入咏春门下的心声落到纸上，也因此打动了大师，同意与他见一面。那次，郑忠并未答应收他为徒，只说可以教他一些功夫。这已经足令郑祖杰喜出望外了。那时，他已经从警官学院毕业，进入福州一家外贸公司工作。因为郑忠只在自己的祖籍长乐开馆授徒，而长乐又距福州数十公里，为学习咏春拳，郑祖杰开始了福州、长乐两地跑的学拳生活：晚上下班后，坐一个多小时中巴赶到长乐，与师兄弟们一起练功。练完功，到一位朋友

咏春拳第八代传承人郑祖杰

家里借宿一夜。第二天早上六点起床，赶最早的中巴回公司上班。这样的往来奔波当然辛苦，但他乐在其中。半年后的一天，在行完敬香、跪拜、请茶等仪式后，郑祖杰终于正式拜师入门。

成为咏春弟子后，郑祖杰练功愈加认真、刻苦，而且只要是与咏春有关的事情，他都争着抢着去做，尽心尽力，不计代价。这一切，郑忠老先生都看在眼里，对这个小徒弟便多了一份喜爱。很多时候，老先生外出见客访友，都愿意把郑祖杰带上。师徒独处时，老先生会向小徒弟详细讲解咏春拳拳法、拳理的精要之处。郑祖杰熟记于心，勤加习练，功夫日益精进。

跟师傅相处的时间久了，郑祖杰对师傅的经历、为人和武学造诣也有了深入的了解：上个世纪60年代初，留学英国的郑忠就开设了一家咏春武馆"忠武馆"，这也是咏春在海外开设的第一家武馆。凭借精湛的拳术，郑忠很快让"忠武馆"和咏春拳声名远扬。后来，又相继开设了几十家分馆，遍布整个英伦三岛，弟子数以万计，其中就有好莱坞巨星史泰龙和沙特阿拉伯的多根王子。在海外辗转大半生，郑忠的一腔爱国情怀始终没变。这些年来，除了开馆授徒、传播中华传统武术瑰宝咏春拳，他还想方设法将许多流失海外的珍贵文物赎回国内……这种种作为，让郑祖杰对师傅更多了一份崇敬之情。

"师傅已经做了自己该做的；现在师傅老了，你是本门的第八代传承人，你有责任接过接力棒，为咏春的发展多做些有益的工作。"一次，郑忠郑重地告诉自己的爱徒。

如果说成为咏春弟子曾是他的人生梦想的话，那么，在听闻师傅的这番话之后，年轻的郑祖杰又有了一个全新的人生目标：尽己所能，让已有300多年历史的咏春拳在中华大地上重新开枝散叶，发扬光大。

一个人的"申遗"

2007年，央视开拍连续剧《李小龙传奇》，郑忠老先生获邀出任该剧咏春拳总顾问。郑祖杰与十几位师兄弟随即来到拍摄地广东顺德，充任武打演员，郑祖杰还担任李小龙饰演者陈国坤的动作替身。

拍摄很辛苦。陈国坤的武打动作多是郑祖杰他们现场教的，慢点儿还可以，一旦快了，就容易出错，一出错，导演就喊"咔"，就得重新再来……所以，有时候一个武打场面得一遍遍重拍，郑祖杰和师兄弟们也就得不断重复相同的动作，而且，为了向观众展示最好的咏春，他们每一次都必须全力以赴。当然累，"但是一想到这是宣传和推广咏春的好事情，还是蛮开心的"。

《李小龙传奇》如期在全国播出，立刻掀起一股收视热潮，并很快打破央视 12 年间的收视纪录。福建媒体得知郑忠和郑祖杰师徒对《李小龙传奇》的贡献后，对他们进行了集中采访，仅《东南快报》就连续刊发了 13 个版的报道，内容包括对发源于福建南少林的咏春拳的介绍、对郑忠大师个人事迹的报道，还有郑祖杰和师兄弟们在拍摄现场的故事和花絮……在这过程中，一位记者给郑祖杰提了个建议：咏春这么好的拳种，应该申报非物质文化遗产项目，如果申报成功，可以得到政府相关部门的支持，对咏春拳的保护传承，大有裨益。

一语点醒梦中人！

他找来一些师兄弟，向大家讲自己的想法，希望能集众人之力，为咏春申遗。让他遗憾的是，大家的热情并不高。也有资金实力雄厚的，但投了钱，产出在哪里？回报是什么？不清楚，所以也就不愿意投钱。

在短暂的郁闷和失望后，郑祖杰决定自己一个人做。事在人为，水滴石穿。他相信只要持之不懈，即使仅凭一人之力，也可以将咏春拳申遗成功。

真做起来，他才知道一个人办申遗有多么难。光文字材料就要准备几十份，要冲洗近千张图片，还要请专业摄像师拍关于咏春的DVD……但他没有退缩。他将自己的家变成申遗的办公室，每天俯首案边，整理着似乎永远也整理不完的文字和影像资料，或者在省市多个部门间往来奔波，咨询、请教申遗的相关事宜。

就这样坚持着，在孤独中一个人肩负申遗的重任，郑祖杰艰难前行……

2009 年 6 月 13 日，这一天成为郑祖杰生命中一个永远值得记住的日子：咏春拳正式成为福建省第三批省级非物质文化遗产。

得知消息，郑祖杰立即电话告知远在海外的郑忠。"师傅连说了几个'好'，我能感觉出，师傅特别开心。"

省级"非遗"申报成功后，郑祖杰没有停下前行的步伐，他还要为咏春拳申报国家级"非遗"。虽然国家级"非遗"的申报，其各项要求更高更严格，但他对"申遗"已经有了相当的经验。按照申报程序，他开始精心准备相关资料。5 年后的 2014 年 11 月 11 日，国务院官方网站发布消息：福建省福州市申报的"咏春拳"项目入选第四批国家级非物质文化遗产代表性项目。

"第一时间告知了师傅。师傅的心情如何？好得不得了。按师傅他老人家的话说，'老怀大慰'。"

大梦想与"小"目标

"咏春拳创始于明朝末期，创派祖师是福建福清南少林的五枚师太。拳术套路主要有小念头、寻桥、标指、108 式木人桩法及永字八斩刀法、七点半棍法。基本手法有标手、摊手、护手、伏手、耕手、膀手、按手。它是一种集内家拳法和近打于一身的拳术，立足于实战，套路朴实而简洁，无花招，无巧势，强调直接明了，招式辛辣而凌厉，以最快的速度、最短的路线、最少的时间与空间，获得最好的效果。且具有运用灵活、短桥窄马、擅发寸劲的特点……"

福州旅游景区三坊七巷的"中国传统咏春拳文化展示中心"内，郑祖杰在向参观的游人介绍咏春拳。随后，他向参观者演示三角步、追步、迫步等主要步型，还对着木人桩演示 108 式实用技法。看见他在木人桩前那狭小的空间内动如闪电，将咏春拳的"寸劲"之威发挥得淋漓尽致，观者无不啧啧称奇。

这个展示中心是郑祖杰 2009 年后办起来的。在这里，他教授弟子，也继续着国家级"非遗"的申报工作。他还利用一切机会，向参观者介绍和演示咏春拳。

来展示中心的当然不全是参观者，还有各地来找他切磋的练武者。对这些人他都诚意接待，认认真真地与他们考较拳理，切磋武功。但他的原则是切磋时只是点到为止，从不答应那种必要决出胜负的要求。"咏春的精神是弘扬正气的，代表的是一种正能量。平时，强身健体；面对邪恶，奋然出手。而非争强斗狠，动辄便与人一较高下。"

——但你一味避让，会不会让人对咏春拳有所质疑？

——本门祖师当年创立咏春，意在御强抗暴，拳法招数出手不留人，招招直指对手要害。一旦交手，即使再注意，也难免伤人。如今是法治社会，伤了人，便要负法律责任。我不会让这样的事情发生。

——如果对方自恃功夫高强，步步紧逼，定要激你出手呢？

——他强由他强，清风拂山岗；他横由他横，明月照大江。我相信，让一步海阔天空。

——不怕对方因此看轻你，看轻咏春？

——不怕，我只做我认为有意义的事情。这些年，我在福州市的许多中小学给学生们义务教授咏春拳，参加省市组织的文化下乡活动，给偏僻山区的孩子介绍、演示，激发他们对咏春的兴趣。我还定期到省委警卫局和省政府警卫中队传授咏春拳法，学员中不乏顶尖的功夫高手。他们能心悦诚服地跟着我修习咏春，本身便能说明一切。

对郑祖杰的话，我深信不疑，因为他传授咏春，还有更高的平台：早在2014年7月31日，武警特种警察学院就向他颁发了大红证书，邀请他为猎鹰突击队传授咏春拳。猎鹰突击队由国家主席习近平亲自命名和授旗，是一支国家级反恐特种部队，其队员个个身手不凡，堪称精英中的精英。这些队员愿意跟着他修习咏春，郑祖杰如果没有特别过人之处，焉能如此？！

……

　　现在，郑祖杰有多种身份：福建省青联常委、咏春拳第八代传承人、咏春拳（海峡）文化发展中心副理事长、福清南少林武术协会副会长、武警特警学院特聘教官……我问他："你觉得这些身份哪一个更符合你的自我定位？"他回答说每一个身份都代表着他在做的某一方面的工作，但要说到自我身份定位，他说他更愿意把自己看作是一个追梦人。"我追求的梦想就是有那么一天，咏春拳不仅在中华大地上，也能在全世界真正得到发扬光大。这既是师傅的嘱托，也是我要穷尽一生心力去圆的梦！"

　　当然，2018年郑祖杰还有一个很切实的"小"目标，那就是去台湾开馆授徒，或者接收台湾的年轻人到福州修习咏春。"咏春是中华传统武术拳种，是中华传统文化的一部分。我希望台湾的年轻人通过修习咏春，融入中华文化，让先辈的精武文化为两岸统一发光发热。"郑祖杰深沉地说。

（本文照片来源：刘新平提供）

流派传承

当代劈挂拳核心人物"沧州大侠"孙本松

劈挂拳的历史源流及技术体系

文／孙本松

　　劈挂拳拳法之得名，系象形取意，因其招式多为大劈大挂，故而得名"劈挂拳"，因在运用中手型多为掌型，所以又称"劈挂掌"，在一些历史文献中，劈挂拳又被写作"披挂拳"。

　　劈挂拳法创自于何时，由何人所传，没有确切的史料记载，已经无法稽考。据明代嘉靖年间王圻所著《续文献通考》记载的民间功夫流派中有"孙家披挂拳四路"，披挂拳被作为一个有代表性的功夫拳种载入史料。另据明代民族英雄戚继光所著《纪效新书·拳经》记载："抛架子抢步披挂，补上腿那怕他识；左横右採快如飞，架一掌不知天高"，并在《拳经·捷要篇》中提到："披挂横拳，而其快也；活足朝天，而其柔也"，从这些披挂拳招式的记载中也可看出披挂拳在明代就已经流传，并且由戚继光将军引入军中，用于抗倭战场。按照史料记载的披挂拳招式和现今流传的劈挂拳招式对比，古籍中所记载的披挂拳就是现今流传的劈挂拳，披挂拳的"披"字是"劈"字的古代通用写法或是讹写，这样的文字讹写在很多拳种的功夫文献记载上都存在，是个普遍现象。通过这些历史资料可以认定，早在明代劈挂拳就已发展成为一个比较完整的有影响力的拳种，并且以孙家为代表。自戚继光之后到清朝初期，因国事动荡，战乱纷飞，内有农民起义，外有异族入侵，此拳缺乏详细记载。约在清朝中后期，在河北沧州一带出现了两支劈挂拳流派：一支是盐山县大左庄左宝梅所传，内容有劈挂拳（慢套）和青龙拳（反套）；另一支是南皮县大庞庄郭大发所传，内容有劈挂拳（快套）、跑挂拳。因劈挂拳出现于沧州境内，至今约二百余年的时间内，在其他地区并未发现有南皮、盐山之外的旁系劈挂拳，也没有同名且技法风格相类似的拳种出现，所以我们暂且可以认定，劈挂拳可以考证到的只有南皮、盐山两系。至于为何传授内容不同，古传劈挂拳到底有多少内容，因无古谱记载，而且历史久远，传人不同，故已无法考证。现在分析起来，当时社会环境复杂，更朝换代，社会动乱，民不聊生，清朝政府实行"禁武"政策，武林人士遭清廷迫害追杀，劈挂拳先祖们隐姓埋名，秘密传授，不使绝技失传，造成后来两大支系的出现这是可以理解的。

据传，盐山一系师祖左宝梅从一韩姓少林反清逃僧习得，南皮一系师祖郭大发原系清宫御史，晚年回乡授拳，其业师无考。

民国十七年（1928年）在南京成立中央国术馆，全国武林高手云集馆中，劈挂拳盐山一支的马英图（人称"马狼子"）任国术馆少林科科长，南皮一支的郭长生（人称"郭燕子"）任国术馆特聘教授。劈挂拳被列入高级教材，定为国术馆必修课。在国术馆期间，马英图、郭长生二位先辈对两支劈挂拳进行了研究和综合整理，使长期分离的两大支劈挂拳"破镜重圆、合为整体"。并在此基础上，创编了劈挂刀和疯魔棍，填补了劈挂拳体系没有器械套路的空白，使劈挂拳在内容和技术上有了进一步的发展。

1937 年抗战爆发后，许多劈挂拳传人流散各地，如马凤图移居甘肃，郭长生等回到沧州，他们积极传艺，使这一拳种在河北沧州、甘肃等地广泛流传，进而盛行于全国，而沧州被各地传人公认为劈挂拳的发源地。郭长生到沧州后，对劈挂拳进行改进，将通臂拳步法（激绞连环步法）及部分技法移植到劈挂拳中，有效地促进了动作速度，产生了"沧州劈挂通臂劲"的说法，形成了源于盐山、南皮而又不同于盐山、南皮的沧州劈挂拳。

上世纪七八十年代，沧州市区成立了多个劈挂拳武馆，广收门徒，使劈挂拳发展成为沧州八大门派之一，很多其他门派吸收了劈挂拳。1984 年沧州体委组织成立了沧州功夫馆，设劈挂拳班，面向全国招生，学员来自全国 29 个省市自治区，劈挂拳迅速传到全国。1987 年开始，日本、韩国、美国等海外国家学生专程来沧州学习劈挂拳，劈挂拳步入了国际武坛。

这一年，沧州市文教局决定功夫进学校，在沧州所辖各县市将功夫纳入体育课内容，中学和中等专业学校学生学习劈挂拳。1995 年劈挂拳被评为全国十大优秀拳种之一，并作为国家优秀传统功夫套路，列为国家功夫竞赛项目。

2008 年劈挂拳被文化部公示为第一批国家级非物质文化遗产，劈挂拳的历史价值得到了进一步认可。如今，劈挂拳大体按四种情况流传：一是在劈挂拳的发源地盐山、南皮的传人仍按照祖传套路传习；二是在沧州市区、全国各地及海外国家日本、韩国等习练郭长生、马英图综合改编之套路；三是在京津冀地区习练孙本松修编完善之套路；四是以兰州为中心的西北几省习练马凤图改编之套路。

经过历代发展，劈挂拳已经逐步形成比较完备的拳术体系，但是由于历史变迁和时代发展以及劈挂拳前辈的相继离世和传承过程中技术的遗落，如今能够完整继承劈挂拳体系的人已经是凤毛麟角。

当代劈挂拳武艺的中坚力量和核心人物"沧州大侠"孙本松先生，对推动劈挂拳的发展作出了卓越贡献，被武林界誉为"沧州劈挂门中的一条蛟龙"、"沧州武林中的一张王牌"。他原先习练沧州市所传的劈挂拳，后来在对其他拳种不断研习过程中，通过对劈挂拳整体劲力和部分招式的修改，使动作更加舒展流畅，劲力更加通透饱满，技击性更加迅猛暴烈，演练效果焕然一新，在众多流派中脱颖而出，在国际性功夫大赛中连获金牌，蜚声海内外，"孙氏沧州劈挂拳"正式步入武坛，形成完备的体系，推动了劈挂拳向前进一步发展。

劈挂拳拳术和器械套路及技术体系：

1. 主要套路

基础套路：劈挂连环拳、劈挂连环腿。

拳法套路：慢套、快套、反套、挂拳共四个拳术套路。

器械套路：劈挂刀、疯魔棍、奇门枪、绨袍剑、双头枪、护手钩、苗刀、鞭杆等。

2. 主要招法

劈挂拳主要招法有单劈手、反劈手、双劈手、前劈手、滚劈手、招风手、戳指掌、双撞掌、开门炮、铁扫帚、搅地龙、大跨步、小跨步、前后横、邵捶、鹞子穿林、鹞子搜林、乌龙盘打、抄手起脚、倒发五雷、一二三捆子等。

劈挂拳主要步法有跨步、纵步、闪步、辗转步、拖拉步、激绞连环步等。

3. 打法字诀

滚、勒、劈、挂、斩、卸、剪、裁、掠、摈、伸、收、摸、探、弹、砸、擂、猛等十八字。

4. 主要劲法

劈挂拳要求单势与套路相结合，主要劲法有辘轳劲、翻扯劲、吞吐劲、滚勒劲、劈挂劲、通透劲等。

5. 习拳步骤

正、顺、合、活、快、力、精、巧、妙、绝。

6. 主要特点

历代先人将劈挂拳各个套路的风格特点分别归纳总结为：慢套劈挂拳要求"辘轳翻车雄且壮，蜿蜒蛇行骨存神"，突出"密"；快套劈挂拳要求"起落钻伏，墨燕点水"，突出"敏"；反套劈挂拳要求"青龙出水贯长虹，舒展潇洒身法捷"，突出"长"；跑挂拳要求"疾行高跳，惊心动魄"，突出"高"。

7. 相关拳谚

"千趟架子万趟拳，出来一势打不完"；"击中目标是小胜，打倒目标乃上乘"；"势无定势，形无定踪"；"慢拉架子，快打拳，急打招，气沉丹田"；"眼为先锋，脑为主帅，手足则是五营四哨之将兵"；"双臂密如雨，快捷似闪电，劈挂赛抽鞭，发力似炸弹"；"通臂加劈挂，神鬼都害怕"。

8. 基础训练

劈挂拳运动起来，大劈大挂，两臂运转如车轮，呼呼生风，两足钻地，拧腰切胯，带动双臂。

劈挂拳以腰活、肩活、臂长为特点，基本功以摇臂和乌龙盘打为主。摇臂俗称摇胳膊，主要作用就是松肩活臂，使手臂气血畅通，暗含劈挂拳的主要招法，前摇是为劈抹之势，后摇是为挑挂之势。练习要求成弓步，一手扶于腿上，另一手臂顺时针或逆时针自然摇动成风轮之状，上要贴耳下要贴腿，也就是不偏不正尽量摇成立圆，练习起来可快可慢，也可缓急相互变换。乌龙盘打属于劈挂拳的特有招法，既是活腰动作又富含多种技法，国家改编的规定套路上就吸收了劈挂拳的乌龙盘打。乌龙盘打在套路中多次出现，比如在慢套劈挂拳中就有两次，一次拍地一次不拍地，基本功方面主要起到活腰和稳固下盘的作用。据说，要求前俯后仰如磨盘一般，只是现代人很少有能达到那种程度的。

9. 技术要求

手臂要求"两臂条直，搂臂合腕，大劈大挂，放长击远"。下盘要求"前握后扣，吞胸凸背，缩肩藏头，拧腰切胯，合膝钻足，收腹敛臀"。在步法中，融入了通臂拳的激绞连环步，运动时步法灵活多变，连环交织，快如激涛之浪，一经接触，使对方防不胜防，形成逢进必跟、逢跟必进、进跟连环、环环相套、敏捷疾速的独特风格。眼法上要求一眼、二胆、三打快与慢，行拳应战时要做到瞻前顾后，顾左盼右，望远视近，随形出招，步到招到眼先到。练功时注重慢拉柔练，调劲运气，聚精会神，身心合一。

10. 风格特点

劈挂拳，"腰似转轴，身似鞭杆，手臂似鞭梢，周身之力通达于肢端"。整体演练起来，则表现出迅猛快捷、蜿蜒蛇行、大劈大挂、起落钻伏、伸收摸探、拧腰切胯、开合爆发、劲力饱满、动作舒展、神形自如、双臂密如雨、劈挂赛抽鞭、发力似炸弹等特点，犹如大江奔放，气势磅礴，起伏跌宕，川流不息，疾风怒涛，一泻千里。

（本文照片来源：孙本松提供）

定式八掌发挥

文／周继成

身法要领：含胸拔背，溜臀下腰，沉肩坠肘，扣膝抿裆，平起平落，行走如坐轿，全身放松。

（李师文章指出：抿裆不要架裆，练重不如练轻，练轻不如练空。抿裆，两腿中间可以插入一扁掌）

双踏掌：双臂内旋，指分掌凹，中指相对，掌心向下，置于脐前。

平托掌：两臂身体两侧托起，两臂夹角约 150 度，肘垂，腕顶，掌心向上，两掌与地面平行。有钻攒开合沉托之意。掌，高不过耳，低不过肩。

阴阳掌：两臂弯曲于身体前后，前手掌心向前，掌指和对侧肩对齐，后手掌掌心向后，外劳宫穴映照对侧腰眼。前手小指侧在上，后手小指侧在下。

指天划地掌：内侧臂内旋，从耳旁向上钻出，掌心斜向外后方，外臂下插于内侧手的胯下，臂外旋，掌指向下，掌心向圈内。

托枪掌：圈内之手臂肘垂腕顶，掌心向上，手指向圆心；外手臂上架于额上，掌心向上，掌指指向圆心。（有人掌心向下，掌指指向内侧腕的，叫抱月掌）

勾手掌：拇指轻触于食指指甲后指腹指横纹处，食指向掌心，腕关节处勾曲，中指、无名指、小指内屈附于掌心。前臂指尖向上，臂略屈前伸，与肩平；后臂斜向下置于身后，指尖向上。

双撞掌：双臂置于胸前，两手虎口相对，掌心向外（逐渐转身，向圆心），两臂肘下垂，两臂呈半圆形。

托天掌：两臂向头顶上方托起，掌心向天，掌指相对，两臂内旋，两臂略屈，不失沉肩坠肘的要求。

八大式的初始顺序是：双踏掌，平托掌，阴阳掌，指天划地掌，托枪掌，勾手掌，双撞掌，托天掌。

此八式，为四正四隅，四正在头尾，四隅在中间。

另外有人把架掌作为定式八掌之一，还有人把垂手掌作为定式八掌之一。

架掌，就是一手前伸指向圆心，一手护于胸前，前手虎口与口持平对齐，后手虎口对前伸之肘部，后手肘部对准心口部。

八掌左右之基本换式

双踏掌：扣步转身换式，双手可以不变，或者双掌上翻变阳掌而后仍然是双手下塌。

平托掌：由双踏掌始，双掌内翻变成掌心朝上之阳掌，两手从胁下向身后划弧后下插，然后自双胯向身前上撩，低于自己之剑突，两掌呈立掌，掌背相对，掌随之外翻，掌心向前，两掌拇指相并，随之掌心向上，两腕相并上托，两腕沿掌根碾转成掌心向上，两手小鱼际，小指相并，然后两臂向两侧分开成平托掌。左右换式相同。

阴阳掌：本掌换式，老师开始所教，乃是三削掌，但是老师后来建议我可以外扣步片旋掌加前盖后撑掌换式法。外脚内扣成丁步，同时对侧手阳掌向扣脚侧平削，与肩平；对侧脚摆步，同时扣步侧掌臂向摆步方向阳掌平削，与肩平，同时，对侧手经胁肋向身后穿插；扣步侧脚腿向前上步平　，同时对侧手臂由身后经身侧弧形向前平抡削，然后由阳掌变阴掌，再变侧立掌，小指在上，拇指在下，掌心向前，掌指向内，向前平推；同时此前向前平削之掌向内划弧，经胁肋向身后穿插，然后变立掌，小指向下，拇指向上，向后下平推。定式后，两掌成阴阳掌，走圈。

指天划地掌：外脚向圈内方向扣步，内侧手经胁肋向脊背，然后向转身摆步之下肢背侧下势穿掌，随之身体重心向摆步之腿脚转移，同时扣步侧上肢经腹前向对侧上肢下穿走，随身体由下伏位，渐直立而后，扣步侧上肢（变成前掌）穿挑此前下插之摆步侧掌臂，向内拧旋向上穿插，对侧掌由上向下穿插，落于圈内侧之胯外，掌心向圈内，掌指向下，成指天划地势。

托枪掌：接指天划地掌。外脚扣步，上穿之掌内旋架于额前，下插之掌上提内旋，向上斜穿，随摆步转身，指向圈内，成托枪掌势。

勾手掌：接托枪掌。外脚向圈内方向扣步，另一脚转身时摆步，两手变勾手落于两胁前下方，勾尖朝内相对，并向两侧撩打，然后随扣脚上步前　，内侧手向前上撩与肩平，勾尖向下，屈腕，另一侧勾手向后钩挂撩打，然后两手外翻，两手勾尖前后相向而对，利用腰胯抖动两臂，向两臂外侧弹打，随之内侧臂外旋，勾尖朝上，外侧手内旋，勾尖朝下，成勾手掌定式，沿圈走步。

双撞掌：接勾手掌。扣步向圈内，并转身摆步。同时双手变掌，虎口相对于胸前，内侧手变成外侧手，约与肩平，外侧手变内侧手，于胃脘部，两掌上下斜对，掌心斜下朝身体前下方。随之扣步脚前，内侧掌上抬，外侧掌下塌，两掌虎口相对，两掌心向圈内前下方，然后两掌持平，成双撞掌定式，走圈。

托天掌：接双撞掌。扣步转身摆步，双掌向腹前下按，随之两掌内翻成阳掌上提至两乳水平，然后两掌内翻下按至脐部水平，两掌外翻成阳掌上举于头顶，成托天掌定式，走圈。

左右换式：扣步摆步转身，双掌向身体两侧拍击，两掌变虎爪，双腕一手向上钩挽，配合身法拧转，然后双掌向两侧立掌塌击，然后两掌掌指相对于脐下，掌心向上，随之内翻下塌，然后外翻上举于头顶，走圈。

八卦掌原理

八卦掌定式八掌是董祖师亲传之八式，首尾对称（有双踏就有双撑，有平托之两臂外分就有双撞之内合，有阴阳掌之前后缠身就有指天划地之上下穿插，有托枪掌之拧旋之钻挫斜横就有勾手掌之内勾之钩挽点弹），拟之卦象，恰为先天八卦横图的逆顺序，从双踏掌练起，为归藏卦首坤之意。先天八卦圆图扭转了横图。

根据自己的练功体会以及孙禄堂先生的《八卦拳学》中后天卦向先天卦变的启示，把这八大式的顺序看作先天八卦的逆顺序，即为坤艮坎巽震离兑乾，当双踏掌（坤）正反走圈完成后，换成指天画地掌（巽），指天画地掌左右走转结束后，换双撞掌（兑），双撞掌左右走圈结束后，换成阴阳掌（坎），阴阳掌走圈结束后，又恢复成双踏掌（坤）；然后向后天八卦的艮位转化，可以换成平托掌（艮），平托掌左右走圈结束后，换成托枪掌（震），托枪掌左右走圈结束后，换成勾手掌（离），勾手掌左右走圈结束后，换成托天掌（乾），托天掌转圈结束后，仍然换成平托掌（艮）。如此，八卦统归于乾坤两卦，符合有天地然后有万物的道理。纳卦的原则是根据八卦的基本性质：乾，健也；坤，顺也；震，动也；巽，入也；坎，陷也；离，丽也（附丽，附着）；艮，止也；兑，说也（巽者入也，兑应该是出的表意）。

需要注意的是，一定要左右式都练后才能换式，否则先天后天的意思就不分明了！

在练完四卦的后天向先天卦转化后，最终还原到开始的掌法，然后以后天卦的立场，向后天卦的对面卦位转换，这样就进入后面四卦的转换练习了，当结束后面四卦的循环而回到后四卦初始的掌法时，再以后天卦的卦位，向对面卦位变化，恢复到起初练习的第一掌，也就是彻底归元到刚开始上场练习的最初的一掌。

李师文章指出，八式纯熟后，宜前后任意穿插练习，阴变阳，阳变阴。孙公禄堂在《八卦拳学》中指出，八卦掌要有后天变先天的逆顺之意。

不才愚钝，数十年懵懂，今春高热而后牛皮癣泛发，穷途之余，不得不求之于恩师所授八卦掌，祸福相倚，竟然探知掌变和卦变之规律，以至于汹汹之牛皮癣得以控制。

任意一掌均可使之由后天向先天位置卦变，比如：坤变巽，巽变兑，兑变坎，坎变坤，反复循环；乾变艮，艮变震，震变离，离变乾。由此看出，八卦只有两卦，即乾坤父母卦，完全符合卦理。此后更可以以单换掌为两仪掌，而后以垂手掌收尾归于无极。

心有所动，随手出掌，随势而变，一动皆合阴阳之理，如《曹氏八卦掌谱》中所云"称手"。

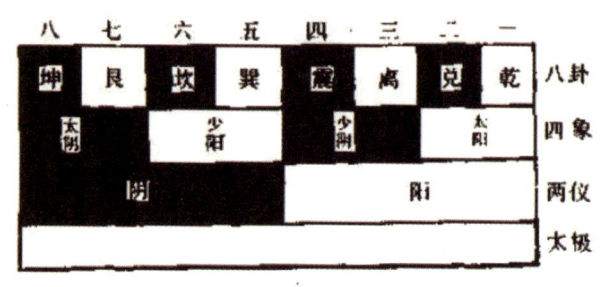

先天八卦次序图

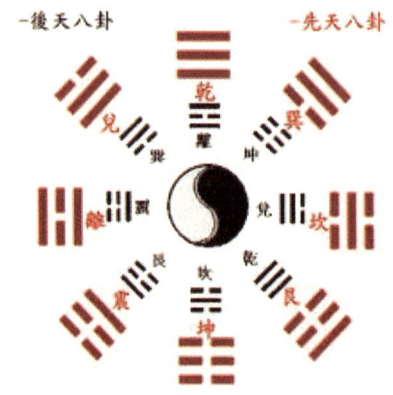

八卦的卦象是站在太极图的位置向外周看的，而且是按照传统的坐标，即是黄帝坐明堂，面南而立，不是现代地图的方位模式。

起式：足跟相并，脚上大拇指分开，相距大约本人一横拳，似立正姿势，两手从身体两侧上抬，两臂夹角约150度，上至头顶，覆掌，掌指相对，徐徐下落至腹前。

传承人风采

吴式太极拳传承人张全亮

吴式太极拳传承人——张全亮

文／蔡明刚

张全亮现年 77 岁，北京市大兴区人。退休前任北京大兴建筑工程公司党委书记、大兴区人大常委会委员、大兴区武协主席。自幼酷爱武术，1953 年开始习武，先后习练过多种拳术，系八卦掌名家李子鸣先生、太极拳名家王培生先生的入室弟子，是八卦掌、北派吴式太极拳之第四代传人，中国武术八段。

2001 年，张全亮退休后，将主要精力放在义务传授吴式太极拳和梁式八卦掌上，长期担任大兴区老干部大学太极拳和八卦掌两个教学班的教师。曾先后应邀担任过深圳卫视中国功夫之星全球电视大赛专家评委，央视武林大会传统武术擂台赛专家评委、总裁判长，WMA 中国传统武术职业联赛六大俱乐部总教练，职业联赛的副总裁判长，WMA 太极拳技击教材的执笔编委，广东卫视武行天下的专家评委，北京市吴式太极拳研究会常务副会长，北京市八卦掌研究会顾问委员会副主任等。

2005 年创立以传播梁式八卦掌、吴式太极拳为主要任务的"北京大兴鸣生亮武学研究会"（其中"鸣"字代表他的八卦掌恩师李子鸣先生，"生"字代表他的吴式太极拳恩师王培生先生，"亮"字即是他的名字中最后一个字，又代表弘扬发展之意），并先后开播了鸣生亮武学研究会博客、鸣生亮武术文化网、鸣生亮武学研究会微信平台，现在国内外已发展到 22 个下属分会，近百个辅导站。鸣生亮武学研究会先后被北京市民政局审定为 AAAA 级中国社会团体组织，被世界太极拳网、博武国际武术网、《武当》杂志等武术媒体联合评为全国最具影响力的太极拳传播机构。张全亮被评为"太极拳十大名师"，2017年被评为"传统武术推广年度十杰"，被河南省温县陈家沟中国太极拳研究基地授予"太极拳传播特殊贡献奖"，被北京体育大学武术学院授予太极拳规范化研究员，被聘为美国全球养生长寿研究会顾问、《武当》杂志顾问、武当山武当拳法研究会顾问等，曾连续五年被评为北京市体育先进个人，还被国家体育总局评为全国全民健身好家庭、全国体育先进个人等。张全亮先生所传承并由北京大兴鸣生亮武学研究会申报的吴式太极拳于2009年、2014年先后被评为北京市级和国家级非物质文化遗产代表性项目。

张全亮先生现有入门弟子300余人。他每年4月份应《武当》杂志之邀，在湖北省丹江口市举办的武术名家大课堂，担纲教授梁式八卦掌；每年10月份应《中华武术》杂志之邀，在北京昌平举办的武术名家大讲堂，担纲教授吴式太极拳。张全亮先生在繁忙的武术活动、武术教学之余，还坚持早起晚睡著书立说，他已公开出版发行八卦掌、太极拳方面的专著10部，光盘20余碟，发表武术论文专稿300余篇。2017年10月出版的《传统吴式太极拳入门诀要》是他计划出版的10部国家级非物质文化遗产系列教材之一，该书一问世就受到了广大太极拳爱好者的热烈欢迎，现在大兴地区遍地开花，鸣生亮武学研究会全国各地分会、辅导站及广大吴式太极拳爱好者都积极购书，大力推广该书的内容，对该书中精妙的拳理、章法和丰富的文化内涵都反响极好。

张全亮先生出身贫寒，他热爱共产党，热爱毛主席，热爱祖国，好学上进，自强不息，干一行爱一行，善于开拓进取，勇于争优创先，浑身充满正能量。他在部队服役6年中年年被评为"五好"战士，多次立功受奖。他在农村工作时曾连续五年被评为大兴区的先进标兵，因为业绩突出于1968年8月1日、1970年5月21日曾先后受到周恩来总理和毛泽东主席的接见。

功夫在民间

陈式太极拳传人杨德厚

陈式太极拳传人杨德厚的"坚持"

文／杜金凤

百岁老人杨德厚是陈式太极拳泰斗陈发科的嫡传弟子。2018 年寒冬时节的早晨，北京月坛公园辅导站里，他正在义务教授陈式太极拳。

一套拳路下来，杨老开始悉心指导学员。一招一式均要指点到位。与学员对练推手，特意强调重心要稳。百年风雨在杨老师的脸上不见沧桑，有学员开玩笑说，杨老师脸上涂法国香粉了，白里透红没有褶，一笑还两个酒窝。

杨德厚先生，满族人，1919 年生，系原二机部（现核工业部）享受国务院津贴的机电专家。先祖为清太祖努尔哈赤的额驸武勋王扬古利，战功赫赫。他受家庭影响自幼习武。因二哥是陈发科的得意弟子，他八九岁时就跟随二哥习练陈式太极拳，故到了十三岁时，他开始正式跟陈发科学拳。一直到现在，他每天晨练打拳，从没间断过，已有八十六个年头儿。他享有"太极活化石"、"太极健康老人"、"太极寿星"的美誉，现任北京陈式太极拳研究会荣誉理事、西安陈发科太极拳研究会名誉会长。

"是什么毅力让您这么长时间都没有放弃练拳？"我问杨老先生。

他简单而朴实地说："我就觉得，你不管干什么都要干好。多活几年就能多工作几年。身体好，才能为国家多作贡献。"

杨老先生义务授拳，是希望更多的人都像他一样，健康地活到一百岁。

　　学员们问他怎么才能练好拳，他给的建议就两个字："坚持！"只要能坚持，就一定能练好。

　　陈发科传授的拳法就是质朴、纯净，人在法中，法在拳中，是真正从陈家沟祖上传下来的。

　　杨老先生回忆说，陈发科要求严格，比如，胯怎么松，膝怎么跟着转，腰怎么转，腰转跟胯转和膝转跟脚踝是什么关系，这些得手把手教才能明白，否则领会不了。再有，往里旋转和往外旋转，究竟旋转到什么程度合适？转到多大的角度就应当回来？你看着他好像是这样转，你也跟着转，转不出他这个味儿来。你旋转过了不成，不及也不成，过或不及都是错误的。这个不容易学到。你稍微超过一点儿，他就会给你纠正！手臂抬高了离开眼睛不成，抬低了挡住眼睛不成，看不见了！挡住一半也不成，挡住三分之一也不成，这个不到位也不成，这个就得师父给你演示，你就得用心琢磨他的劲是怎么使，一招一式慢慢领悟。陈发科说，推手是对抗的初步功夫，但在学拳时要明白 、捋、挤、按、采、 、肘、靠这些动作是如何运用和随化的。打出去的拳是旋转的圆，所发的劲是松的，要发力有声，脚下有根。

　　杨老先生说，陈式太极拳，蓄劲最为关键。要想蓄好劲，首先要松下来，精神放松，心态放平和，不能僵硬，蓄的过程是"合"的过程，这样劲才能发得整、发得流畅。发劲质量的好坏，不是以发劲力度的大小来衡量，而是完整一气，增强身体的协调性、内外合一性。如果蓄劲不够，不到位，发劲就会浮躁，发出来导致气血翻涌，虚实不当。

　　陈式太极拳讲究用意，不用气。用意则灵，用气则滞。就是我对这个东西怎么想，意念达到什么程度，有了这个想法，然后去做，这个气就跟上了。比如推手，身体所有的地方都在转，要体会在转的过程中达到刚柔并济、由柔变刚。做云手动作时，头部要保持正立，不能左右摇摆。身体中轴在身体左右位移和旋动中保持中正，两臂随中轴旋动立体性的弧形运转，手随身动，气要沉稳。

　　杨老先生看着我说道，当年陈发科就没有专门要求练静止站桩，而是强调练好每一个动作的内功感觉。

　　所以，杨老先生在教学生时，也不要求整天站桩，整天练一个式子，要求他们如何练整个套路，如何在整个套路衔接上达到神意气形。练太极有快有慢，有的用劲，有的不用劲，有的是化劲，有的是缠丝劲，有的是爆发力。蓄好劲后从丹田由下往上翻出来把劲爆发"抖"出来。不能每个动作都"抖"，那样的话整个套路变成处处发劲，这个劲就容易发不准。

有人说，练成劲大。杨老先生说练成不在劲的大小，要看使的力量是不是使在该使的地方并把它集中"抖"出来，这个劲是旋转着"抖"出来的。那样发出的劲才是最大的。因为对手找不到哪个点爆发，令对手不知所措，于无形之中完成。这个"抖"劲是陈式太极拳的精髓。

太极如人生，有阴有阳，敌进我退，敌退我进，有前有后、有进有缩、有松有紧、一张一弛、对立统一。杨老先生把练太极拳的心得运用于生活当中，不开心的事都被他一一化解，使他度过了特殊的艰难岁月。

"文化大革命"期间，他被打成"反动权威"、"里通外国分子"，被关进牛棚。而与他一起蹲牛棚的人，好几个都自杀了。他住牛棚时也没忘记练拳。他采用太极的方法"推手"，不顶牛，后退一步，待机一转就转出了柳暗花明。"那时怎么说都不对，就只能自己贬低自己。"说到这里，杨老先生低头沉默了一会儿，幽幽地说，"在逆境中生存是对我最大的考验。"

他小时候体弱多病，三岁得了麻疹后总不见好，医生对他母亲说他活不过二十岁。七岁时他父亲病故，十岁时他母亲也病故了，是大姐把他带大。

杨老先生说："从十几岁练上太极拳就爱上它了，就喜欢上了。天天五点多钟一起来就想着去。我的保姆老拦着我，别去太早，这么早公园还没人呢！"

如今杨先生已桃李满天下，他的学生有的获得了北京市太极拳比赛第一名，如马向阳、钟正祥等；全国及国际比赛中金榜题名，如刘志节、黄建飞等。勤勉的家风也传给了他的四个儿子，现都学有所成，分别在世界的不同地方，也在义务教授太极拳。

他的儿子抱怨道："让他在国外待两天都不干！我们说话不算数，他听学生的。放心不下他的学生。"

听着学生们不断传来的喜报，杨先生的笑容里充满醉意，两个酒窝里沁满芳香。

（本文摄影作者：黄德辉）

功夫在域外

孙学孟在以色列海法市

我带中国功夫远行以色列

文／孙学孟

　　研习传统功夫逾半个世纪，几近花甲之年，应以色列官方组织——运动、艺术和文化协会的邀请，我以传播功夫文化的学者身份，在海法（Haifa）、耶路撒冷（Jerusalem）、卡拉密也（Carmiel）三市，举办为期两周的讲座，有幸成为中国大陆在以色列公开教授中国功夫第一人。

　　跨出国门的瞬间，我似乎感到肩上略显沉重。以色列运动、艺术和文化协会在邀请函中强调："传统功夫、竞技功夫和太极拳都受到了以色列和全世界人们的认可。为了使中国的功夫在运动、健身和康复等方面得到弘扬，运动、艺术和文化协会决定组织一个特别的高质量的课程奉献给这个课题。这个专业在我们的范围内将是独一无二的，并且将被用来提高艺术水平。运动、艺术和文化协会认为您是一位在这方面精通的教练。希望您能帮助我们在我国开展有效的功夫活动，为那些中国功夫教练员、高级的受训者和初学者提供专业的指导。"

　　在首都机场，经过严格检查，我登上了直飞特拉维夫的以色列LY096班机，经过11个小时的空中飞行，2月20日凌晨3时抵达了特拉维夫国际机场。

　　当日下午2点，在海法市海内威姆大街28号的运动、艺术和文化协会练功厅，面对50多名以色列功夫界的同行，我直抒胸臆，侃侃而谈："来到美丽的国度，我感到非常欣慰，因为伟大的犹太民族与伟大的中华民族一样，都具有悠久的历史。今天我来到这里，就是要把中华民族几千年的长寿之道、养生之术，传授给诸位，通过你们传授给世界上一切爱好和平的国家与人民，让世界充满爱，充满阳光！"

　　台湾中华博击散打协会以色列代表、台湾散打教练、上海体院功夫散打教练、以色列螳螂拳教练卫祥（Mick Zeira）先生一直形影不离地立于我的左侧，全神贯注地倾听我畅谈中国功夫的教育与文化、健身和养性、防守及技击的价值特征以及研习传统功夫的心得体悟，然后全部翻译成希伯来语。为活跃会场气氛，我反客为主，先请以色列功夫界的精英们一展身手，亮出各自绝活，然后自己才从容地连续表演了六套风格迥异的刀、剑、拳，立刻赢得了满堂阵阵喝彩。大家争先恐后与我交流切磋。

孙学孟（左一）在海法市海内威姆大街以色列运动、艺术和文化协会练功厅教学员练拳

　　"Why（为什么）？"21 日 9 时在运动、艺术和文化协会练功厅，我问马基斯先生为什么才二十几个学员。"Money（钱）。"马基斯先生表示可能是嫌学费昂贵。上午理论课重点讲授中国功夫的功法原理，观摩关于我的教学方法的 VCD。13 点开始昆仑拳、少林拳、太极拳套路的实践课。大家自始至终情绪饱满，不知不觉间就望到窗外的斑斓的晚霞。令我聊以自慰的是，学生虽少，但多为

教练员，水平甚高。其中有以色列散打冠军、龙道功夫学校校长马基斯；美国纽约与旧金山形意拳、八卦拳亚军，长短兵器、全能季军，以色列全国软兵器三节棍冠军阿比毛利亚；俄罗斯南部地区 68 公斤散打亚军、以色列咏春拳教练依夫盖尼；杨氏太极拳教练阿列克斯。我面对精神依然抖擞的洋弟子们，不由得暗笑自己：一瞬间身价倍增，当上国家级冠亚季三军教头，居然还嫌学生不够多而有失落感，真是人心不足蛇吞象也！

27 日是在海法讲学的最后一天。"我们驾车疾驶至耶路撒冷新城，已经迟误近半个小时。这里街道宽阔，满眼是鳞次栉比的高楼广厦。豪华的别墅、星级的酒店、大型的商场以及景色秀丽的公园，构成一幅幅壮丽的现代化建筑群画卷。我们无暇观赏异彩纷呈的美景，老远即望见一所教会学校门前频频向我们招手的身影。

我换好武功服，走进练功房，应大家的要求，我表演了昆仑拳、长穗剑，并和每个人进行了太极推手。其中一位身怀六甲的女士主动上前与我配合，她姿势标准，动作娴熟，推得很投入。"You are beautiful（你很美丽）！Kungfu is beautiful（功夫很漂亮）！"我脱口赞美后，忍不住又指指她明显凸现的腹部道，"Your child will be more beautiful（你的孩子会更美丽）！"女士羞红的脸上立刻绽出灿烂的笑容。她的丈夫朝我笑笑，说了几句希伯来话，我猜测是对吉言表示感谢。

子夜，星斗满天，大家才依依不舍地与我道别。身材不高却精神十足的西蒙（Semen）先生曾到台湾、北京研习太极拳多年，是以色列的武林高手。独有他与身高近一米九、满脸络腮胡须、头顶上扎一束发辫的阿米尔（Eamir）却兴致未减，仍热情地邀我们去观览距此十分钟车路的老城。人们皆称耶路撒冷为"尤罗萨拉姆"，当时，还不知道自己已来到圣城，经吕玉华翻译说明后，我才惊喜道："早闻听《塔木德》中云'世界若有十分美，九分在耶路撒冷'，歌曲《金城耶路撒冷》（Jerusalem of Gold）中也唱道：'山林的气息美酒般清爽，黄金之城，青铜之城；耶路撒冷，到处充满光芒；我用我的琴声，永远为你歌唱……'咱们夜游耶路撒冷，更具诗情画意！"

跨入罗马拜占庭时期的卡尔多（Cardo）拱形街道，各色精品屋和餐馆在霓虹灯下显得格外亮丽。我望望天空的明月，觉得颇为惬意。忽然，在曲折转弯处出现一位阿拉伯青年，他大声说了句什么，便直奔我而来。身材魁梧的阿米尔立刻上前拦阻。阿拉伯青年不甘示弱，忙后退半步，伸手向臀部后兜做掏物搏斗状。我忙置身于两人之间，和颜相劝。待阿拉伯青年怏怏离去，我问："这个年轻人想做什么啊？"吕玉华女士回答："他要和你交谈，阿米尔先生怕发生不测，拒绝让他接近你。""My God（天哪）！"我嚷道，"差一点儿我成了挑起巴以冲突的罪魁祸首。"

28 日，我和马基斯先生一家三口来到位于地中海东部海岸的阿卡（Akko）。阿卡是世界上最古老的城市之一，也已有五千多年的历史，最初由迦南人的一个部落所建，后来逐渐发展成为从地中海东岸通往西亚内陆的重要商业口岸。阿卡古城曾是欧洲十字军东征时所建立的耶路撒冷王国的首都。世界遗产委员会评价："阿卡是个有城墙的港口城市，历史悠久，自腓尼基时代起，就一直有人类定居在这里。现在的城市是土耳其人 18 世纪到 19 世纪之后建立发展的，拥有保存完好的城堡、清真寺、商栈和土耳其浴室等建筑。城市中十字军的遗址可以追溯到 1104 年到 1291 年，保留完好，生动再现了中世纪耶路撒冷十字军王国的城市规划和城市结构。"

沉睡在地下的十字军城堡已有部分被发现。马基斯先生买了门票，引我下去参观。我们徘徊在这些阴凉而散发着历史霉味的房间，抚摸着两人才能抱得过来的粗大石柱，欣赏着优美而富有动感的交叉拱顶，仿佛穿越了时空隧道，又回到了马可·波罗的时代。

傍晚，我们坐在海边穆斯林防御城堡的遗址餐厅里，望着孤悬于地中海上的夕阳，品尝丰盛可口的海鲜。突然，马基斯先生的手机响了，是他的功夫老师西明英（Semion）先生邀请我去吃意大利大餐。马基斯起身要我们去赴约，我以不想浪费满桌的美食再让西明英先生破费为由，婉言拒绝。马基斯无奈，只好道出实情："孙老师，我的老师期盼你能从今日起到离开以色列为止，每天 17 时至19 时到卡拉密也市给他的学生上课。""盛情难却。"我微笑着回答，"请转告西明英先生，我会准时前往讲学。"

在以色列名闻遐迩的西明英散打功夫学校，位于高原新城卡拉密也一个超市的底层，空间宽敞，设备齐全。学员70多人，有乳臭尚存的稚童，也有满脸沧桑的老者。我每次上课，他们都笔直地站立，左掌抱右拳于胸前，低首施礼，同时齐声用中国话问安："您好！"然后立刻两膝触地，面对着我，端跪于地板之上。放学时他们还要行大礼，在门外向屋内磕头致谢。这让我想起卡弗尔威尔第镇（Kfar Vradim）喜欢中华文化的以色列船长吉尔（Gil）先生，他自取中国名小乐，为其夫人帕莫尔（Tamar）取名小林。仅为让我尝尝小林的中国菜厨艺，竟开车往返100多公里来请我。我知道使我的洋弟子们佩服得五体投地的，并非是我这个四天的师父，而是中国功夫。但我仍深为感动，除认真地讲授功夫动静功法、基础擒拿、攻防要旨外，还传授他们一套拳和一套昆仑梅花剑。西明英先生的女儿里格拉斯（Liraz）和以色列单刀冠军安德烈（Andreg）已练得潇洒自如，颇具神韵。

孙学孟（中）在以色列高原新城西明英散打功夫学校与弟子们合影

3月2日22时，西明英先生一家坚持提前为我饯行，决定长途跋涉赶往海滨城市那阿利亚（Naharia）特色烤鱼馆。深夜，我们抵达目的地，西明英先生寻到的几家特色烤鱼馆皆已停业。西明英身材高挑儿的美貌夫人，当着自己的丈夫、两个漂亮的女儿和马基斯夫妇的面，上前挽挎起我的胳膊，在月光下悠闲地散步。我反而有些面色发红，忙独自奔向细黄的沙滩，去抚摩那翻滚着白色浪花的海水。

终于尝到鲜嫩的风味烤鱼，是在与黎巴嫩隔海相望的阿科西夫镇（Ahzir）。

3日19时，卡拉密也市的授课结束，学员纷纷簇拥着我合影留念。西明英先生表示，准备率领弟子来哈尔滨继续学习。里格拉斯用热情的拥抱和我道别。专业画家佳丽亚·芬克夫人赠我力作《上帝的眼睛》，她小女儿献给我一个纯真的童吻、可爱的小白海螺和当场挥笔画就的大骆驼。马基斯夫妇开车送我到特拉维夫国际机场。收藏家沙沙（Sasha）在途中追上了我，将他珍藏多年的9枚以色列纪念邮票和21枚大小不等、形状各异的以色列钱币馈赠给我。

4日零点35分，我满载友情，登上直飞北京的以色列LY095班机。

（本文照片来源：孙学孟提供）

功夫养生

心意行当代传人李奇龙

解密千年绝学《五字经》

编辑整理／《中国功夫》编辑部

　　《五字经》是世界上一部文字最少的经典，它只有五个字，却蕴含了人体与宇宙的奥秘。两千多年以来，一直是内廊秘不外传的修行法门与长寿绝学，有"万金不卖，城池不换"之说，也因此成了诸家纷纷争夺的至宝。该秘籍问世千年，自清政府实行禁武令后，尘封已300年。

　　李奇龙是非物质文化遗产心意行的当代传人。近期他宣布将千年绝学心意行中的长寿绝学《五字经》公布于众，造福于人类。

　　对于李奇龙先生的大公无私、高风亮节精神，世界各界知名人士纷纷表示支持！国际功夫委员会执行主席、中国功夫文化发展委员会主任蔡明刚先生称："将尘封300年的千年秘籍公之于世，是一件造福于全人类的大善事，正本清源，普度众生，我支持李奇龙。"美国世界孔子基金会会长杨佐仁称："对于李奇龙先生的壮举，我们表示坚决支持，非常惊叹，这是我们中国人的骄傲，也是我们中国人的自豪。大长我们中国人的志气，也可以挺起我们中国人的尊严，这是真正的爱国行动，不是爱国的口号，是爱国的壮举，我觉得每一个中华儿女，都应该支持李奇龙先生的壮举，大家共同一起努力！加油！"

　　"心意行"是以五字经为筑基之本，制心一处，强健机体，渐悟无我、无念、了脱烦恼痛苦之本真。以易筋洗髓之妙法，体悟动静之门，入空无之境。达祛病延年、百岁不老之神奇。以脉轮气血之术入道，彻悟生命迷情、人生真谛。臻妙入化、了脱生死。行大善大舍之举，救人于迷途于危难，回归根本。以医艺表法本，以武功示妙趣，医为独门术，武为索命决，尽显无上上乘之妙谛。

由于心意行的历代传人遵从"禅为修心本、武为强身技、医乃济世术、艺乃法之显，四宝源合一"的根本信仰，恪守宗门戒律，行大爱大舍不求回报之善道，故名"心意行"。心意行是一种秘传千年的独特修行法门，是超越所有宗教名相、直达生命本源的身心健康秘术。心意行集禅功、武功、医术、艺术于一体，体系完整，内涵深邃，是开启身心智慧的绝妙法门，被誉为"参悟生命迷情、了悟人生真谛的最直接的途径、最上乘的方法"。千百年来，一直在寺庙中秘密传承。后由于清末乱世、军阀混战、抗日战争、内战等近二百多年的历史动荡，心意行的传人为了保护秘籍和秘法不被破坏，走出了寺庙，隐姓埋名到乡间村野，秘密单传。特别是心意行一代宗师沈之江，在"文化大革命"前后的二十年里，装聋作哑，忍辱负重，隐藏在巍巍太行深处，才使擎天绝学没有失传。所以，外界知者甚少。

五字经是秘传修行术，借助气脉运行和声音摄受，可在当下解除烦恼和痛苦，获得内心的清静与自在。自然无碍的气息运行法，深度地调整人体气血与阴阳平衡，从而达到充五经通六脉、健康心肝脾肺肾的效果，对失眠、便秘、湿寒、气血不足、亚健康有神奇的作用。此法非常方便，在行、住、坐、卧以及干活、散步的时候均可练习，不受任何限制。

李奇龙把心意行里面秘传的长寿绝学《五字经》作了详尽的介绍。

《五字经》只有"嗯、哈、咿、呀、呐"五个字，但这五个字不仅包含了人体与宇宙的巨大的能量，还是我们人类语言发生的根本音。这五个字的发声究竟蕴含了什么道理？从医学角度上看对人体能起到怎样的养生、长寿、健身作用？对此，李奇龙作了详尽的阐述。

天有五行，金木水火土；人有五脏，心肝脾肺肾；天有风雨雷电，人有气血声音。"风雨雷电"这四种宇宙中的自然现象就是佛教里说的"地火水风"，它们都是一样的，都是相通的。那我们的身体，也是一个小宇宙，它有"气血声音"，这跟外界的"风雨雷电"这些宇宙现象都是相通的，都是相接近的。也就是说，身体的声音是人的一个很重要的生命现象。声音的产生来源于我们的气。众所周知，人体气催血行。如果说，没有这口气，就发不了声音，也就是断气了，就没有了生命迹象。人有六根之说，修有六脉之讲，人体的气血经脉的运转，我们完全可以用声音的摄受来完成它的运转来促进它的运转。所以，《五字经》就是通过这五个字的发声，通过气息的运用来实现调整"心肝脾肺肾"五脏的作用。同时，《五字经》也是打通中脉七轮的最好方法。当这五个音升起发出来的时候，就会形成一个气血之冲，使我们的中脉七轮对它产生一个作用，一呼一吸间，就是从我们的顶轮到海底轮的一个循环。在一呼一吸间，也就是发声之间、呼吸吐纳的刹那间，就可以对我们的中脉和中脉所分布的七轮产生能量和作用。因为，中脉是百脉之王，中脉通则百脉活。脉为动性，脉动人生，脉停人去。这是从佛医角度对《五字经》的解释。佛医认为我们人生是五蕴之身，《五字经》可以通过这五个音对"受想行识色"五蕴起到一个很好的受摄作用。按照中国传统的医学五行之说，《五字经》里的这五个字又是跟"金木水火土"和"心肝脾肺肾"相对应。"嗯"走心经属火；"哈"走肺经属金；"咿"走肾经属水；"呀"走脾经属土；"呐"走肝经属木。"嗯"通于心，"咿"通于肾，心肾相交，五行运用。所以，这五个音的运转可以起到五行的相声运转的作用，同时，又刺激了"心肝脾肺肾"。这就是"通五经走六脉，五蕴之身应走血脉，摄受受想行识"。

《五字经》中的发音方法、发音要领和注意事项分述如下：

我们先谈"嗯哈咿呀呐"的发音特点。"嗯"字，它是介于"嗯"与"哼"之间的一种音，有点儿类似于像牛叫刚刚发声的那种感觉。是一个闭口音，是要用鼻腔来发的。"哈"是介于"哈"与"啊"之间的一种音，它是一个开口音，就是我们可以微微地张开嘴巴来念。"咿"就严格按照"咿"发音念就可以，没有太大的偏差。"呀"也是一样的，也是一个开口音，发音与"呀"无偏差。"呐"也是一个开口音，与"呐"发音无偏差。

　　发音方法分为三种：一是一气一字的练习法，就是我们吸一口气念一个字；二是一气五字的练习法，就是我们吸一口气把五个字都念完；三是默念的练习方法，就是不分一气几个字，在心里默念就行。我们在吸气的时候，一定要用鼻子深吸进一口气，一直吸到丹田（肚脐眼下小腹位置），使丹田微微鼓起。但不要刻意鼓动鼓大丹田，不要为了追求声音长、声音大而采取快吸快呼，一定要慢。

　　《五字经》，五个字的发音不拘于场所、年龄、天气的限制。我们平时躺着、坐着、打坐、走路、干活的时候都可以练。需注意在走路和干活时，我们的身体是在动态里面练习的，一定要注意"慢"字，就是走路别走得太快。因为吸气是慢的，发声也是慢的，不能快。如果动作太快，就容易跟我们的气息产生偏差，要注意调整。如果非要快走，那就采用默念的方式就行了。练习发音不分时间限制，不分早晚，可时时练、日日练、月月练、年年练，也不受念多少遍的限制。

　　发音要领讲究四个字"松静沉震"：

　　一是"松"。在练习《五字经》时，一定要全身放松，面部、颈部、喉结、肩膀、胸部，乃至全身的每一个器官都要放松，同时，我们的心也要放松，有一句话叫"心不放松，烦恼生；身不松，脉不通"，所以，放松是一个很重要的要领。一定要在完全放松的情况下练习，千万不能发紧。如果我们为了发声，需要用一点点力的话，就让丹田和丹田两侧的膈肌用一点儿力就可以，其他地方都不能用力。

　　二是"静"。一切病皆由心生。首先，我们要摄受住，也就是制约住我们内心的烦恼和心事，要制心一处。就是把我们的心念都制在我们的声音和气息上。把耳朵收回来，不听外界的声音；把眼睛收回来，不看外面的世界。

　　三是"沉"。"沉"就是要让我们的声音和气息，还有在声音、气息的作用下产生的五脏六腑的震动往丹田沉。有的人在刚开始练的时候会错误地追求发声的声音长，那我们追求的是"震"，也就是第四要领。

　　四是"震"，我们追求的是在声音和气息的作用下内脏产生的震动，那怎么找到震动呢？我们在发声的时候，用手摸着胸口可以感受到内脏的震动。如果说您发的声音没有对内脏产生震动，那么就是错误的。一定要找到让内脏震动的一个方法，也就是说，我们的声音要往下沉，要往回走，往内脏走，不要靠前发，所谓"沉"就是把沉与震结合在一起，把这个震动"沉"到丹田里去，等练到丹田震动如雷时，内功就出来了。到那个时候，你的身体就会非常好。

　　注意事项：在练习过程中一定要注意气息和声音要往下走，往丹田走，不能往头上冲，身体一定是极度放松的。这个要点要记好。女性在经期，不要练开口的方法，可采用默念方法。在饭前和饭后半小时期间不要练，其他时间均可。

　　我们在练习过程中，身体有些地方可能会出现疼、麻、胀，感觉不舒服，哪里不舒服就说明哪里不通。我们就越要把那个部位放松，不要用力，放松到让那个地方一点点力也没有。我们通过《五字经》中五个字的声音和气息推动了我们气血的循环，就把那个地方打通，这就叫气血之宫，六脉直冲。通过气血经脉运转把原来不通的地方都打通。时间长了，那种状况就会消失。

　　在练习中千万不要强加力量用力发声，这是大忌！有的人在练的过程中会感觉到胸闷和头疼，在这种情况下，不要加太大的力量，应把声音变小，震动变小，以舒适自然为主，自然而然地产生震动，让这个震动向丹田走，进而由丹田向全身扩散。这个震动不仅可以改善五脏机能，也可以打开我们周身的气血经脉。失眠的人采取默念或小声念，把自己的心摄受住，就可以进入深度睡眠。在目前，几万人的学习中，大家睡眠得到了非常好的改善。同时，《五字经》对于气血两虚、便秘、亚健康等各种疾病以及由五脏六腑引发的病和风湿类的病都有明显的效果。

（本文照片来源：蔡明刚提供）

崆峒功夫之养生静功

文／王镖

　　崆峒派功夫的养生功法最早可追溯到黄帝时代。黄帝曾向广成子询问养生长寿之道，广成子说："无视无听，抱神以静，形将自正。必静必清，无劳汝形。无劳汝静，乃可长生。目无所视，耳无所闻，心无所知，汝神将守形，形乃长生。"以上这段精辟的论述实则是习练崆峒派养生静功的真实感受，它既可养生延寿，又可开慧增智。

　　《太平经合校》曰："静身存神，即病不加也，年寿长矣，神明佑之。"《坐忘论》讲："静定日久，病消命复。"据《世界科技译报》报道，美国玛赫里希处置大学自然医学和预防中心主任罗伯特·施奈德经多年研究后提出："超脱静坐似乎能够恢复身体的自我修复机制和自我平衡机制。它对神经激素和部分神经系统都起作用，从而有助于缓解心脏病和其他一些疾病的症状……这种技术是一个自然轻松的过程，能使你达到舒适安静的机敏状态。"研究人员还说："每天静思两次，每次二十分钟，这是预防和治疗心血管疾病的有效方法，并可用作传统心脏病的辅助治疗。"《太平经》曰："求道之法，静为根，久久自静，道俱出。"打坐不但可增长功力、养生疗疾，而且还可以开悟增智、顿悟宇宙人生大道。《道枢》曰："虚静至极，则道居而慧生也。"《性命圭旨》曰："人若知此天人合发之机，遂于中夜静坐。"《太上虚皇天尊》云："虚无自然，道所从出，真一不二，体性湛然。"根据地球物理学家测定得知，空间电离层与地球共振的休曼波是 8-14 赫兹，而这个频率与人体打坐入静时脑电波基本相近，故在物我两忘的空灵境界下打坐会发生人天共振，顿悟人生大道、宇宙真谛，而这就是崆峒道家提出"天人合一"理论的最好见证。

崆峒派养生静功主要有打坐和站桩两种方式，而调息为崆峒派养生静功的主要内容。调息，顾名思义就是调养气息，要求悠、缓、细、匀、静、绵、深、长。要无声，无风，无喘。反之，有风则息散，有喘则息结，有声则气劳。调息采用的姿势，可用盘坐（静坐）或站桩三圆式。练习方式：呼气的时候，舌尖舔下颚，嘴唇微微张开，让气贯到丹田，小腹随之鼓起，将气沉至会阴，再顺两腿而下，直至末端的涌泉；吸气的时候，小腹随之渐渐收缩，舌守上腭，将气从涌泉提起，从腿而上，气行至肛门时，再提肛引气上升，经尾闾关、背椎和颈项再顺两耳前两侧分下，会于舌尖，于呼气时的气息相接。气息在人体内从上到下运行一周，气功称之为阴阳循环一大周天。

持之以恒习练崆峒派养生静功，就可产生强大的能量。能量是生命的动力，生物维持生命的过程就是新陈代谢的生化过程，需要消耗能量；人体脏器运动做功，需要消耗能量；体力和脑力劳动更要消耗能量。"人活一口气。""气"停止了，能量也消失完毕，生命亦即停止了。能量是整个生命不可缺的。体内能量不足可以致病；能量过剩，也可以为祸。能量盛亏也是崆峒医道"易通疗法"的核心，气虚、阳虚、气盛、阳亢、表热、里热、心气不足等，都是指能量失调。崆峒派"易通疗法"正是根据这些"虚、热、表、里"来对症下药、诊治疾患的。针灸术也是通过能量输入、导出以及输导配合调节而达到补虚泻实、通经络、调营养的目的。据崆峒派有关典籍记载：古人所讲的气功，常用"炁"字，意思

王镖练崆峒飞龙拳

是无形之火，看不见的火。这也是历代崆峒派宗师练功实践感觉与内观的真实写照。在远古时期，人们认为凡是用肉眼看不见的东西，就认为是无形的东西，在练功的过程中，感觉到了火团、光线和热流的存在，而用肉眼又看不见，所以把气功看成是一种无形之火。用今天的科学知识来理解，就可以认为是能量的传递了。

"气为血之师，气盛则血行旺。"因为气血循环于经络隧道中，就像井水流于灌溉田园的沟渠中一样，流行到某一个地方发生了障碍，壅阻不能畅行，则发生病变。初见之变，激流湍急，就是人身上外感内伤之暴病，寒热往来，疼痛难忍。历时既久，则迂回缓慢冲流过去，悖逆积累成丘，则影响正常的气血流通并在机体上发生病灶。晋代养生家葛洪云："疗未患之疾，通不和之气。"宋朝医学全书《圣济总录》云："……其有宿疾，但用意并气注之患处，不过三五月必愈。若四肢有患，亦可想以意治之，其病遂散。"唐朝著名文学家韩愈说："气水也……水大而物之漂者毕漂。"因为气能推动各组织器官的机能活动。

习练崆峒派养生静功时一定要注重培养自己美好的情绪。"我善养吾浩然之气"，这是古人告诉我们培养美好情绪的根本方法。《黄帝内经》中告诉我们"恬淡虚无"、"精神内守"，就是要学会"静"，要做到内无所逐，外无所求。在复杂的事物面前要做到恬静泰然，对待个人名利要看得淡泊

王镖在全国"五武赛"开幕式上表演"崆峒派绵拳"碎酒瓶

些。情绪对养生有十分重要的影响。经常保持达观快乐，有利于促进身心健康。春秋战国时期的伍子胥为过昭关，一夜愁白了头发；三国时的周瑜被诸葛亮"三气"而亡。长寿学者胡夫兰德在"人生延寿法"中强调指出："一切对人不利的影响中，最能使人夭亡的就要算不好的情绪和恶劣的环境，如忧愁、颓丧、惧怕、贪求、懦弱……"白居易有诗云："忧极心劳气血衰，未到三十生白发。"调查证明：很多百岁老人都乐观、直率、心胸开朗，遇事不躁不怒。常言道："怒气催人老，笑笑变年少。"愿天下所有的好人都能习练有益的养生之法，生活得更幸福、更惬意。

"道"与"德"的养生护生

文／李焕喜

考量宇宙能量时，按照老子的道德理念和生命观，"道"可以理解为自然能量，"德"可以理解为生命能量，二者不仅是万物生命的"始"和"母"，而且还具有非常重要的养生护生作用。老子和庄子对此都有诸多重要论述。

"天得一以清，地得一以宁，神得一以灵，谷得一以盈，万物得一以生。"（《老子》第三十九章）此处"得……以……"是"因为有了……才……"的意思，"一"就是"道"。整段话的意思是说，因为得到了"道"，万物生命才能得以存在和生长。

"道汜呵，其可左右也。"（《老子》第三十四章）此处"汜"与"泛"同音同义，喻指道浩瀚无际，随而不见其后，迎而不见其首；"其可左右也"，就是能主宰万物生命。

"道生之，而德畜之，物刑之，而器成之。是以万物尊道而贵德。"（《老子》第五十一章）此处所谓"之"，代指万物生命；"生"即"化生"，"畜"即"蓄养"、"长养"，"刑"与"形"同音同义，就是以形体来表现或承载的意思；"尊道而贵德"，是说万物生命皆以道和德为根本，既来源于道，又依赖于德，既离不开道，也离不开德。

"物壮则老，谓之不道，不道早已。"（《老子》第五十五章）此处所谓"不道"，即失道之意。整句话的意思是说，万物生命盛极而衰、壮极而老，都是因为其形体之中道（即德）的散失所造成的，失道是致病和早亡的根本原因。

"泰初有无，无有无名。一之所起，有一而未形。物得以生，谓之德。"（《庄子·天地》）此处所谓"泰初"，即天地鸿蒙未判、混沌未开之际；所谓的"德"，是指因得而名的道，即聚集蕴涵于生物体内且维系其生命存在的道。

"非德也而可长久者，天下无之。""其存人之国也，无万分之一。而丧人之国也，一不成而万有余丧矣。"（《庄子·在宥》）此处所谓"人之国"即人之身体，"无万分之一"极言很少。整段话的意思是说，相对于宇宙天地之间的海量大道而言，蓄存于人体之中的德虽然在量上微乎其微，然其一旦丢失，生命和身体就将不保。

"天下之至柔，驰骋于天下致坚。无有入于无间。吾是以知无为之有益也。"（《老子》第四十三章）此处，"驰骋"即"运行"、"流注"、"传输"、"传导"之意；"无有入于无间"，是说道常以无的形式，蓄存或者流注于有形有象之万物体中，就像蓄电池得充电或者以电流通过导体一样。

"不出于户，以知天下；不规于牖，以知天道。"（《老子》第四十七章）此处"规"作"窥"解，"牖"即窗户。整句话的意思是说，借助于道的作用，可以充分发挥人体先天潜能，不出而知、不视而晓。

"夫慈，以战则胜，以守则固。"（《老子》第六十九章）整句话的意思是说，"道"虽然性慈柔善、无形无象，但依道而战，可以攻无不克；依道而守，可以坚不可摧。

概括起来可以说，正是由于道的存在和演化，由于德的长养和运行，以及阴阳的平衡和转化，使得天清地宁，神灵谷盈，万物生命得以化生、成长、存在和消亡。"道"既可驰骋于天地之间，也可"无有入于无间"，转化为"德"，蕴涵并运行于万物形体之内，其养生护生作用以及其他功能确有"无为而无不为"之妙。万物生命一旦失去了道或者德的涵养和保护，就会虚弱、衰老、生病甚或早夭。而要养生健身、益寿延年，必须尊道贵德、修道养德，以借助自然能量来维系生命能量。

现代生物和生命科学研究都已经证实：正是生命能量维持了包

括人类在内的复杂生命体的生存。生命形式越复杂，生物利用宇宙自然能量的内部微观结构就越精致、越有序。为了汲取和利用宇宙自然能量，由生物分子所组成的细胞天然有序地进行着排列，并分化生成具有不同功能的组织和器官，进而组合构成人体等高级生命系统。高级生物要维持这些复杂有序的精细功能结构，又必须得不断地从宇宙自然中汲取有序能量，并以热辐射等形式向外散失其无序能量。当汲取的有序能量大于所散失的无序能量时，生物就表现为成长过程；当汲取的有序能量小于所散失的无序能量时，生物就表现为衰老过程。也正是通过这样的能量汲取和转化机制，来自太阳或者地球的自然能量，才被转化成为储存于动物或者植物体内细胞深处的生物化学能量。古代先贤关于"万物尊道而贵德"的所谓"天机"，在这里似乎找到了现代科学的依据。只是古时候的人们尚不能说得这么清楚和精准，所以我们看到道教里面常用"盗取天机"来表达这种认识。

以上分析告诉我们：万物生命皆化生于道，受德蓄养，因物而显、而形、而名。人要健康身体，养性立命，祛病延年，必须以修道和养德为基础，以维持生命能量的充盈和平衡为根本，否则就是舍本求末。同样道理，也只有通过修道和养德，涵养和维持好自己的生命能量，才能够在攻坚克难的事业奋斗中和防身自卫的技击搏斗时，取得以柔克刚、不战而善胜、无为而无不为的妙效。少数高层次的修道养德者，甚至还有可能开启先天智慧及潜能，不见而明，不行而知，具有某种或者某些特异功能，就像我们今天凭借现代信息技术所能达到的某些电磁感应或者探测效果一样。

练功感悟

如何突破太极拳内功的修炼瓶颈

文／龙卫东

太极拳是深受广大人民群众喜爱的传统武术运动，经过几十年的发展，街头巷尾经常能看到练拳人的身影。可以说会打太极拳的人已经上亿也不夸张。但是要说真正练出太极拳功夫的人，那就是少之又少了。所以说，太极拳是一项易学难精的武术运动。

那么太极拳究竟难在哪里呢？

单纯从套路姿势、招式、程序来说，大凡有老师演示，或者录像、视频观摩，大多数人通过两三个月的学习是可以比较轻松学会的。即便是太极推手，什么单推、双推，四正四隅，定步活步，也是有迹可循，多数人也是比较容易掌握的。但是说到以柔克刚、四两拨千斤，说到太极内功运用，那么大多数人就只能望洋兴叹了。

笔者的学拳练拳经历就可以印证这一点。自从上个世纪 90 年代初学拳开始，很快就能比较熟练地打拳了，也就是把一趟太极拳的套路完整地演练下来。本以为这就是学会了太极拳，但是仔细一想，太极拳作为一个著名的武术拳种，一定是有实战价值的，如果不能擒拿格斗，那还能称之为武术吗？既然要能实战，那么光是会打套路恐怕不灵，所以就开始试着练习太极推手。煞有介事地盘来盘去，可一旦真的跟人较量起来，却只会与之硬干，否则就一败涂地。这哪里是什么以柔克刚、四两拨千斤？这才知道，自己练的太极拳离真正的太极功夫还差着十万八千里呢！于是开始利用出差旅游的机会多方拜师访友，寻找真功夫。可惜一路走下来，依然是稀里糊涂。

有的拳师似乎颇有功夫，但是却不能让你心服口服，因为感觉并非是所谓的以柔克刚；有的拳师似乎很巧妙，但是又让人觉得云里雾里，玄玄乎乎，真假莫辨。或许江湖之上就是这样真真假假，那么，谁能送你一双慧眼呢？

除了拜师访友之外，笔者还购置了很多太极拳书籍，以期深入钻研。在读了大量的太极著述之后，笔者作为"文化人"倒是惭愧得很。一方面，对于太极拳理论只算是似懂非懂；另一方面，对于自身的太极拳实践却并没有实质性帮助，知行并不能合一，理论实践两张皮。太极拳的老拳谱由于年代久远，又多是手抄本秘传，再加之历代拳师的不同体会和改订，还有一些出于自身利益的添油加醋，这些拳谱读起来与天书也差不太远。至于后来的著述多是公开出版，则鱼目混珠在所难免，所以老拳师才会有"教人一句话，误人一本书"的忠告。这话虽然偏激，却也说出了一些实情。

在这样凄凄惶惶、踟踟蹰蹰之中耗费了多年时间，功夫却丝毫不见长进。我相信这不仅仅是本人的个体体会，很多拳友恐怕都遭遇过同样的困惑。练拳多年，都只是在套路拳架中兜圈子，即使有部分喜欢钻研的拳友，试图通过推手甚至散打来追寻太极拳的奥秘，但是大多数人都没有得到其中三昧。何以见得？我们来看看，练习太极拳最多的人群，永远都是在练习套路。这些太极拳爱好者仅仅是希望打拳来健身而已，对于功夫就谈不上有太大的兴趣。还有就是专业太极拳运动员举行的推手比赛和格斗比赛，虽然经过主管部门多年研究推广，但是比赛规制仍然行不通，主要问题就是不能体现太极拳的鲜明特点，比赛中充斥着顶牛、搂抱、摔跤等与太极拳风格相去甚远的技击表现。你说这就是真正的太极拳，恐怕连外行都不会同意。最近李连杰和马云在推广的"功守道"，也想对比赛规制做出一些创新，但是实际情况仍然令人失望，与过去的比赛并没有太大的区别。这不禁让人怀疑太极拳到底有没有真功夫。

学个套路，真的不难；要想学到真功夫，真的很难。这叫作易学难精。这就是所谓中国的功夫。所以要想学到功夫，首先是要拜明师。之所以说"明师"，而非"名师"，实在是现今盛名之下其实难负的事例不在少数。拜师重在心诚。心不诚，则不敬。不敬则心高气傲、驰心旁骛，不能专心致志，则稍有难度的事情都很难做成功。所谓宁静以致远正是此意也。从老师的角度说，你不尊敬人家，人家凭什么把毕生的心血对你倾囊相授？

敬，才能虚心求教。而不虚心必然会满招损，老师如何教，你也很难学得进去。敬，也不仅仅是对老师，对拳友甚至是对手，同样要心怀敬意。没有拳友及对手与你切磋交流，你的技艺就很难精进，终究难成大器。所以练拳同时也是在修炼自我的德行，德艺双馨才是我们追求的终极目标。

有了明师，有了良好的朋友圈，接下来我们就需要长期的锻炼了。太极拳内涵丰富，方方面面的要求也比较多，所以心急吃不了热豆腐，需要学拳者长期的潜心练习、揣摩，方能逐步提高，以至最后融会贯通。浅尝辄止，三分钟热度，是进入不了太极拳殿堂的。遇到困难、挫折就打退堂鼓，肯定一事无成。想当初，我练拳也已经有几年了，可是毫无进步，内心也实在是焦灼、郁闷。继续练吧，前途茫茫，不知哪天是个头儿；放弃吧，已经练了这么久又心有不甘。彷徨了不短的时间，终究还是难以割舍，硬是坚持了下来。这个过程很难熬，但是如果你不能坚持，那么就不会有遇到良师的机缘，也不会有在长期锻炼过程中灵光乍现的一刻。因此，坚持是太极拳锻炼的一大法宝。

有的拳友可能要说了，我练拳都几十年了，我难道还不够坚持吗？为什么还是摸不着门呢？确实，这是一个普遍存在的问题。这里有老师水平的问题，也有自身学习的问题。恕我直言，当今很多拳师并没有真正练出太极拳的功夫，仅仅是普通拳师，甚至所谓名师、大学教授也往往是徒有虚名。所以笔者一直强调要拜"明师"。那么怎么才能鉴别"明师"呢？一个简单直接的方法就是看他能不能做到"四两拨千斤"。

但是，同样都是师从明师，为什么有的人就练出了功夫，而有的人却练不出来呢？这就跟个人下的功夫深浅有关系了。所谓师傅领进门修行在个人。现代培训机制中有个标准，是参加培训学习的时长。时长不够连考试资格都没有。这说明足够的训练时间，是技艺修习成功的基础。除了练拳的时间要保证，还有练拳的质量更重要。练拳就是要专心致志、规规矩矩、踏踏实实，一招一式务求精准。太极拳是一项精细活儿，差之毫厘谬以千里，需要悉心体认、仔细探求，非得千锤百炼不可。武术爱好者都听说过咏春拳的"寸劲"，其实太极拳打好了是毫厘劲，毫厘之间见分晓。你说太极拳要不要认认真真学习修炼？再者，遇到问题不能轻易放过，一定要及时修正，务必练正确了才肯罢休。只有这样日积月累方能一步一步慢慢提升。

当然练太极拳最关键的是内功修炼。内功这个东西是中国独有的功夫，所谓以柔克刚，说到底没有内功作为基础是办不到的。但是内功这个东西说起来确实又有点儿玄乎，看不见、摸不着，只能体验，目前还不能通过科学仪器进行验证，所以即使在武术界也存在不同意见。但是我们也不能因此就否定它的存在，就像自然界中仍然有很多科学技术无法验证的现象一样，我们不应该简单否定，而应该大胆求索，这才是应有的正确态度。

那么太极拳的内功究竟应该怎么练呢？

笔者在此根据经典拳论和前辈拳师的教授，结合自己的练功体验，做一点儿探索和总结。

内功的核心是所谓"内气"。这里需要明确，内气不是指我们平常通过呼吸道进出的空气，而是指在我们身体肌体骨骼脏腑内部运行的一种物质或者说状态。大凡活人都有内气，只不过强弱不一、灵便不同而已。而内功就是运用内气的一门功夫。太极拳就是运用太极的原理将内功与技击术相结合的一个武术拳种。太极拳拳经中说"以心行气，以气运身"。这简明扼要地概括了内功修炼的基本原则。就是说我们要通过意识的引领指挥内气运行，然后再用内气带动身体运动。刚开始时，我们根本体会不到内气的存在，更不要说用意识来引领。如何才能体会到内气的存在呢？有这么几个步骤和技术要领：一，放松，把自己的身体尽量松弛下来。二，入静，平复自己的情绪，勿急勿躁，所谓平心静气。三，凝神，将精神内守专注于自己的身体，感受体会体内的脉动。当把身体、情绪、意识调整到一定的状态后，慢慢练习，久而久之，心与气就能统一起来。过了这道坎，继续默识揣摩内气的各种变化，再与各种格斗技术相结合，直至运用自如，或许就能一窥太极拳的神奇功夫了。

多言无益，习拳者必须有了真切的体会，才能功夫上身。

功夫史话

1929 年浙江国术游艺大会纪实

文／安华

云集杭城

1929 年 11 月 9 日下午杭州清泰第二旅馆门口的彩楼上挂着"国术游艺大会招待所"的丝绸横幅。第二天来自全国 13 个省 4 个特别市（云南、四川、湖北、湖南、福建、浙江、江苏、安徽、山东、河北、山西、陕西、河南、南京市、上海市、天津市、青岛市），经过认真选拔出的各界（工、农、商、学、医、军、警、政党、僧侣）男妇代表，怀着跃跃欲试之心情共赴盛会。代表中年纪最大的为奉化代表阮增辉 68 岁，最小的为温州代表林标 7 岁。先后报到参加表演人数为 270 人（实为 345 人），参加比赛的为 240 人左右（实为 125 人）。

大会的筹委会、会议部、执行部则设在西湖的"贝庄"。自 11 月 10 日大会报到之日开始，执行部主任、评判委员长李景林每天接待来自全国各地的评判委员，监察唱会表演和比赛事宜，为他们讲解比赛细则。参加比赛的代表必须要有保送单位或保送人（保送单位计有各省市县政府、国术馆、军、警、社会局、教育局、学校、消防队等，保送人则有李景林、高风岭、杨松山、褚桂庭、奚诚甫等 16 人）。如果看了他们的表演之后，经过鉴定确实功夫太差、技艺不精者即劝其不要参加比赛，知难而退则亦可参加表演。

大会设评判委员会及监（检）察委员会。评判委员长李景林，副委员长孙禄堂、褚民谊，委员包括刘崇峻、杨澄甫、杜心武、吴鉴泉、刘百川、蒋馨山、张兆东、王渊生、张绍贤、刘协生、王宇僧、蒋桂枝、高风岭、尚云祥、张秀林、邓云峰、马玉堂、许禹生、韩化臣、黄柏年、刘彩臣、杨季子、王茂齐、刘恩寿、吴恩候、金佳福等26人。监（检）察委员包括孙存周、高振东、左振英、佟忠义、刘高升、田兆麟、褚桂庭、杨星阶、肖品山、李书文、叶术密、陈微明、刘丕显、任鹤山、汤鹏超、姚馥春、万籁声、李丽久、张思庆、耿霞光、朱霞天、朱邵英、李子杨、傅剑秋、候秉瑞、韩其昌、赵道新、武汇新、程有功、窦来庚、谌祖安、杨明齐、朱国福、施一峰、刘善青、任虎臣、陈明证等37人，其中也有许多年轻的，除了22岁的赵道新外还有万籁声、朱国福、韩其昌等人。大会的评判委员和监（检）察委员亦可参加比赛，不受限制。大会顾问为钮永建、张群、程振均。大会会长为当时浙江省府主席张静江。评判委员和监（检）察委员除了个别年轻的做些抄写之类的事以外，大都是聘请全国各地的著名拳家。他们之中唯王子平未到，其他都按时到会。大会设有总会处、交际处、秘书处、场务处，都有专人负责，共奏其成。

大会会场设在杭州镇东楼（通江桥）旧抚署之空地上，面积约三十亩。由场务处雇人平整场地，建造擂台。会场门口有松柏牌楼两座，以红绿绸缠之，并书有"提倡国术，发扬民气"等字。会场正中为擂台（表演台），台极大，为正方形高四尺广六十尺袤五十六尺。台前横额有"全民皆国术化"，旁有一联写有"一台聚国术英雄，虎跃龙骧，表演毕身功力，历来运动会中无此举"，下联为"百世树富强基础，顽廉懦立，转移千载颓风，民众体育史上有余思"。台上悬中山先生像一幅，并联云："五州互竞，万国争雄，丁斯一发千钧，愿同胞见贤思齐，他日供邦家驱策"，"一夫善射，百人挟拾，当今万方多难，请诸君以身作则，此时且民众观摩"。上首为评判及监察委员席，上左为军乐队，上右为记者及摄影席。后台为休息处，首台两旁为参观处。场中四周贴满各种标语。

各展技艺

原定于11月15日开始，因天雨乃在16日上午9时正式开典。

16 日大会之第一天，上午 9 时整，军乐声中，鞭炮齐鸣，"国术游艺大会"开始了为期 4 天的国术表演。

第一天上海中华体育会张介臣、郑德顺的武当对剑和肖仲清、郑德顺的单刀叉外，其他表演均为拳术。始则有浙江国术馆的教习田兆麟（太极拳）、滕南旋（女青年，意形拳）等 9 人。上海市的佟忠义（花功拳）、马阿章（刘家式）、张金山（营门码）等 13 人，上海致柔拳术 4 人、上海武当太极拳社吴树芝 5 人（合演太极拳）的表演之后，继有上海中华体育会刘文友（玉环步）等 9 人，中华国术传习所 2 人，江苏国术馆胡风山（形意）、马承智（少林）、朱国禄（形意）等 14 人，江苏泰兴县僧拾得（打店拳）、闻学桢（罗汉拳）等 10 人，之后就由中央国术馆演员来表演。

下午 3 时许大会第一日表演结束。17 日大会放假一天，18 日继续表演。初则为湖南候骏杰（少林子午拳）等 2 人、四川谢从勋（太极步法）等 2 人、福建施一峰（地盘拳）等 6 人、汉口精武会地下铁路壁城（虎战山）1 人，接着有山东张孝才（滑拳）、高作霖（五形拳）、纪雨人（孙膑二手）、高守武（太乙拳）、张品山（六角式）、谌祖安（少林拆）以及纪雨人、高作霖对打 32 手等共 28 项。随后鄞县国术馆副馆长阮增辉等 9 人表演毕，即由海宁 1 人、吴兴 20 人进行表演。到新昌代表 47 岁的章选青缩山拳表演毕后，竟在水泥擂台上留下一个个的脚印，全场观者无不愕然，停一刻始掌声雷动，纷纷评议以为他功夫到此火候能获得比赛之化胜。缩山拳则何为缩山，即步形为缩山步，如今日所见陈式太极拳之步形然。再则是河北韩其昌、尚振山、朱国禄、郝家俊、王喜林、朱国桢、胡风山的形意，刘善清的三星炮，张绍清的无极拳，郭德坤的头趟拆，佟忠义的散手形，褚桂庭的形意，吴鉴泉的太极，田兆麟、孙禄堂的形意，李景林的太极剑，李妻之八卦掌，李女书琴之太极拳及李妻女之对剑等共 49 项。其中还有南侠李存义的学生刘希彭表演的形意拳。之后又有山西玉玺（棉拳）等 8 人、天台余先堂（大西川）等几人的拳术表演。第二天之表演除了先一天见到的拳法外，还有通臂、劈挂、翻子、南劈挂、南燕青、缩打、太乙、孙膑、虎蹲、白鹤、脱战、天江、鞭成、十字、巫家、六步斩手、梅花分桩及河北王宇僧的沧海龙吟、掇脚等拳法（掇脚即戳脚，当时为其用脚提起而迅、累地而沉所名掇脚）。

19日除了浙江选手表演了鹤拳、担马、松江单拳、六步拳、七星拳、缩手等共51项，其他均为器械表演，有上海佟忠义的孙膑拐、马华甫的燕子等16项，中华体育与致柔软拳社10项外，还有山东刘英华的金刚圈等13项。中央国术馆除了临时增加的王子庆少林拳外，其他全是对练等。

第三天之表演中以瑞安38岁的代表谢忠祥和宁波代表龚志良的七星拳尤为引人注意。谢之六步拳古老而完整，与永康之五星、七步、胡公共为一路。为该拳《纪效新书》亦载有，后经黄文叔先生鉴定认为是可靠的古拳法。六步拳的出现和鉴别是这次大会的重要收获之一。

龙争虎斗

21日即国术比试之第一天，下午1时整即开始摇珠分组，用圆木珠先刊明比赛各员号码姓名，由监察委员们将珠投入铜球中去，铜球上布满了比珠略大的圆孔，先后摇出，以珠号之先后为比试次序。比试者原为125人，报到109人。共分四组，一、二、三组各32人，第四组13人。参加比试者均穿大会灰色布短装，腰扎一带，分为红白二色。

比赛规则：（一）比试员同时按规定组自行抽签，即以各人抽得之数相同者为对手；（二）登台必须用大会备用衣服腰带；（三）三次为限；（四）每次三分钟；（五）三局二胜为胜；（六）如故意逃遁被对手追击三分钟不敢一较者为完全失败；（七）不准挖眼、不准扼喉和打太职穴、不准取阴，违者按刊事条例处之；（八）不以击中为胜，当以打倒或封住对方手脚令彼失去继续比赛比试能力为胜；（九）如视之危险或自知功力不到比与不比听之，如情甘入场，比试如遇重创本会不负其他责任；（十）外国人要比试，规则另定之；

（十一）细则经浙江省政府核准施行。及至第二日。因先一天比试双方拳脚往来难分胜负，故规则又作了改动。其主要为打倒为负，或自认输者为负。如打四分钟未见胜负准休息两分钟再打，如仍无胜负则以平手入下次比试。强不听评判委员长笛声指挥者取消资格。各比试员身上不得带危险物入场。比试员未分胜负时监察员不得上前分解以免误解。第四日后大会增加：（一）比试员不得互打头面；（二）比试员不得言笑；（三）一律十分钟，过时无胜负则取消资格（此条主要是限制拖时间不打而取平手者）。至 26 日决赛时，评、监两委员会共议，拳脚一律解放，踢击各部均可。试员均白带短装，缀有"国术"二字，抽签比试。

第一日共比试打了两组。闻振飞、王浦（南拳）与河北候秉瑞、山东周化先二对打平，朱国禄、王林喜对打，王因与朱师兄弟自退外，尚有二对北拳对打，余者皆为南北拳对试。因南北技击差异太大，故习南法者全部败北。南北拳对打往往是一动手即分胜否。所以打得快而利索。唯第八对高守武与韩其昌之北拳对打还能引人入胜。高用猴拳，韩用形意，双方均对对方动作心领神会，格击互不相让，势均力敌，全场观众多次为之鼓掌。打至六十余合时，高以一退胜。第十六对为江苏泰县 27 岁的姜尚武对同县 46 岁的闻学桢。第二声笛鸣后，姜即甩手逗闻，闻一出手即将姜夹肩臂摔倒。姜挨打后忽然开悟，第三天复试时第一个弃权。

22 日，第三组比试，第一对为刘高升与曹宴海。这是观众期待已久的一对。比试开始，曹左手一扬欲试刘的掌力，刘一拍曹即半身麻木。曹后退两步，发现刘的步法呆笨。十秒钟后，曹见刘求胜心切，气往上冲，体力也渐不济。当曹退到李景林座前时，恰有招待员为李泡茶，李即指着桌子对招待员一语双关地说："把它抹干净。"此时，刘正好右掌打来，曹即 45 度上右步用了一个抹踢将刘打倒。刘不服，李景林说："怎么不算输？"刘说："是摔倒的。"李说："就是摔牛推般将你摔倒也算输。"但曹已知刘空空如也，即说："刘老师，我们再打好了。"台下观众拍手说："曹宴海好汉！"军乐队奏乐。再打时刘上前一掌，只见曹一拧身，未见何势即将刘打倒。

刘起身吐了两口血。曹此时说："刘老师，这回算不算输？"刘认输。
3时半后又打了三对。其中叶椿才（苏南嵩派）与谢庚年（浙东天台派）的对打较为典型。二人俱是南法，叶为江湖壮士，谢为军队教官，初打半小时未分胜负，观众不能久耐，全场哗然。两人为众所激，奋力相搏，又交手数十合，各中数十拳，血流满面，最后由两评委定为平手。乃至张汉章与马春泉对打时，因对方用力过猛同时跌倒，马自退张胜。4时半，第四组比赛已经全部结束。

23日，由前两天四组比赛中迟到及未参加者先比。马金标与黄学乃对阵马胜。打到赵璧成与郝家俊一对时，又成为大会之另一典型。赵郝二人始则各取守势，自立门户，互相盘旋，且言且笑。赵自退郝胜。而王建东与王旭东对打二人均取对方下路，尽平生本领打成平手。继之由金铭恒与李好学对打，金62岁白须飘拂，攘心意诸技，李亦60岁矣，素好查拳。二人互鞠一躬，即不退让，各使解数，其打击迅猛不异年轻人，终至相互悦服为止，乃携手同至摄影机前合影。一时观人喝彩声不迭。打了九对之后，乃将前二日两对平手交叉再决，复打成平手。是日又有江西一僧挺身上前要求一比，适胡凤山愿与之比试而增此一对。上台后老僧乃先发制人，出手如连珠炮猛击而前。胡凤山则候老僧拳至两腿作偷梁换柱式，飞出一右手崩拳，击中老僧额上。该法做出后，黄文叔当即赞好，见此一击，可以领悟棍法中这"拍拉"一词。而老僧则因二力相撞于一点，顿时被击之处头骨塌陷，倒地流血不止，为停在一旁急救车救去。此事发生后，下午3时10分大会复将前二日失败的36人进行复试，结果有20人弃权，16人参加。其中余先君自退负，僧拾得、王执中等四对平手外，余皆分胜否。鉴于当天比试情况，当晚两会研究决定：明日比试不好打头面；不得言笑；如故意拖时间而不攻取，超过10分钟则同时取消资格。

24日赛前，先由23日打成平手者抽签复试，共6对（叶椿才自退）。下午1时40分，由得胜者46人决赛，打至4时结束，其中除了王普雨、丁保善、陈国栋、张汉章4人取消资格，王喜林因不敌王子庆而认输外，余皆分胜负，共23对，取21人胜。4时10分再进行负者复试，有

12 人弃权，比了 5 对取 5 胜。至此优胜者已剩 26 人。

25 日（大会第 9 日），由 26 人作一度不计成绩分队比试（以腰带为识，分红白二队），共打了 11 对，三平，余分胜否。第八对为曹宴海对章殿卿。曹腿法极佳，只见里缠外踢，勾挂起落如手便。曹捧起章之快速短拳，似知其必用腿即做金鸡独立式，适章右腿蹬，曹左膝正顶彼右足足心处，章随之后倒丈余落地。黄文叔先生看到此法后赞曰："是谓有备无患。"当天分队比试完毕，又作了表演对练。

群雄争霸

26 日进入最后决赛。赛前特在杭州羊头坝、宫巷口、大众桥、法院、陈列馆附近张贴海报："今日上午十二时准时决赛"。12 时以后，因邱景炎、高守武弃权分为 12 对，其中除袁伟自退外 11 人胜。负者 12 人再进行比试，而马金标、林定邦弃权。选出五胜，合二者三胜者复打出八胜，因朱国禄无对手并入负者中再对。裴显明因伤自退，故选出四胜。至下午 3 时 10 分由八胜与四胜进行第三次决试。打出六胜。负者再比，先出三胜。4 时 30 分九胜加入张孝才（张因胜李国禄）其为 10 人再进行四决，抽出五胜。四决之负者加入祝正森（也因胜过朱国禄）再决，张孝才自退，高作霖（因被胡凤山所伤）自退，得两胜王子庆、韩庆堂。至 4 时 50 分又以四决胜者与负中胜者作五决。韩庆堂自退王子庆胜，章殿卿自退曹宴海胜。该日比赛至 3 时 10 分之后，观众连日观看也懂得细观门道。场中除了"啧啧"之赞扬声外并无半点喧哗，而比试各员亦尽力相搏。休息片刻，负者再决得马承智、章殿卿，最后共有 6 人：五子庆、朱国禄、曹宴海、胡凤山、章殿卿、马承智。自前日朱国禄退让后今日决赛亦然，曹让高作霖进入四决获第 11 名，王子庆让章殿卿进入五决，宛长胜复自退让，使章进入前 6 名得最后决赛权。但是这种让也只限于中央国术馆教授班学员之间，其目的是：第一，垄断优胜者名次；第二，同派系中之同仁提高名次列位，并非在其他比试员中都存在者。而王子庆让章殿卿亦有原因，章为李景林之旧部又与李之女相好。章亦是教授班的学生，由李荐入十一师当少校副官。25日晚国瑞先生（巩成祥）嘱王必要为李老师面子好看些，又为了促成章与李之女之事，故而让之。章殿卿系保定新安乡人，12岁投王芗斋、杨振邦二人门下学艺，后当兵仍继续练武不辍。1928年参加国考入教授班不久即离去。而王、朱、曹之让"客套"，也就成为负者及不敢一比者与大会持不同意见者攻讦之理由。当晚李景林因看到对打双方异常凶猛，马承智、高作霖、李庆从均为胡凤山所伤，又看到胡凤山技艺确实不错，恐朱、王等人不敌，因此对胡说："凤山，明天就算你第一，不要打了，前六名排排名次算了。"胡说："不打怎行，算我第一多难听，我打了第一得五千元，还要在西湖边为某老师盖幢大洋房，让他养老哩。"

27日大会比试之最后一天，马承智弃权，故胡凤山与朱国禄对打。二人体魄相当，技艺勇力均称对敌。胡凤山则取守势，伺机进攻，不料朱国禄连发快拳空打，待胡凤山注意其左侧时一个反劈，胡猝不及防，即为朱打中面部而晕倒。曹宴海与章殿卿打二次，交手未及二合，曹右手扶地，后一回对峙作滑地右手撑地样，居第四。王子庆与胡凤山对打时，胡接受与朱对打时的教训，连出崩拳，王侧身时面部两颧骨均中一下，但不重。与此同时，王用挑踢将其踢倒。因二力交叉忒猛，胡双膝双肘都跌伤，牙齿跌落两颗，所受之内伤亦重。章殿卿与朱国禄对打时，章一腿踢去反让朱接住，章几次想以落地腿法反击朱不成，为朱用十字腿向章转立一腿踹去倒地而负。王子庆与朱国禄对打，朱则忽专取下路作逼腿之虚法，不料王就其势直沉下去，用一硬开弓之势将朱打倒，并伤及其左臂左膝。朱失利而王胜。当章与王对打时，章自退王胜，王子庆打章是最后一局，遂得冠军，第二名朱国禄、第三名章殿卿、第四名曹宴海、第五名胡凤山、第六名马承智、第七名韩庆堂、第八名宛长胜、第九名祝正林、第十名张孝才。最优胜者都是中央国术馆的学生。之后，李景林又将前十名照片挂在中央国术馆大门内通壁上，以示荣耀。

大会得奖名次全部评定好后，由前三名登台向观众致意。王子庆略云："本人参加比赛完全是为了提倡国术，绝非为图名利，特将大会奖励之五千元与 26 人平分。"朱国禄略云："希望中华民族一致努力国术，民众有了强健的身体和力量，中国才有希望。"章殿卿亦云："请全国同胞注意国术，锻炼身体一雪东亚病夫之耻。"全场观众无不为之鼓掌，庆祝优胜。

功夫随笔

印象中的孙学孟

文／梁晓声

学孟是我的知青战友。"战友"二字，如今连自己说起来都不免有点儿怪怪的感觉。其实，当年我们只不过都是知青；只不过都隶属于叫"兵团"的农场；只不过共同生活了多年的那一处具体的地方叫"连"而不叫"村"罢了。那是大山腹地的一个"连"，和"村"没有任何明显的区别。至于我们自己，则是一天真正的军装也没穿过的，当然便一天真正的兵也不曾是过。都一天真正的兵也不曾是过，偏称"战友"关系，姑妄言之而已。若非要把这种早已习惯了又有点儿怪怪的说法纠正过来，那么当年我们的关系也无非就是下乡在同一个农村的，一名知青和另一名知青的关系。

学孟和我都是哈尔滨知青。下乡前我是 29 中的学生，他是 5 中的学生。我们的母校离得很近，两校学生一向在心理上很亲。我们连队的哈尔滨知青，主要是那两所中学的，所以相互更亲，像同校的知青一般。5 中有不少知青是高中生，而 29 中的知青和我一样，全都是"老初三"，故 5 中的他们，对 29 中的我们，常表现出兄长似的关怀。倘我没记错的话，学孟便是一名高三知青。

我从下乡那一天起就是知青班长，还当过排长，后来又当小学教师，在知青眼中，仿佛是一个"为人师表"的了，而学孟，在我印象中，一直是一名普普通通的知青。

但学孟又是与众不同的。当年他是极少数烟酒不沾的男知青，即使年节会餐时，也未见他破例过。他永远是那么的沉默寡言、不苟言笑，但又绝不是一个整日板着张严肃脸的人——我们叫那种模样的人为"阶级斗争脸"。是的，学孟他绝非那种人。当年的他，具有一种庄重矜持的气质，或曰天性。他不曾与谁们特别亲密，但也从未与任何人发生过哪怕小小的矛盾。别人们谈论什么有趣的话题，他永远静静地从旁听着。知青们相互嬉闹，他永远微笑地从旁看着。倘他无意中给谁添麻烦了，会挺郑重地道歉。他厚道，有正义感，不表违心的态度。当年知青中选"五好"，他同意谁，就会很郑重地举手，像很郑重地道歉那样。倘不同意谁，往往也会当着对方面，坦陈自己不同意的理由。他从不说脏话。但凡是一名男知青，下乡几年后，谁还没说过几次"他妈的"呢？他没有。他是那种坐有坐相站有站相的人。仿佛和我们不同，是真正当过多年兵的人。他又是极爱整洁的人，他那三尺宽的铺位，永远像军营里一名兵的铺位。劳动归来，洗罢尘土，他往往换上一身干净的衣服，于是立刻又似一名城里的学生了。不像我们，以破衣烂衫为"良好"习惯。他也从不积下一堆脏衣服很久不洗。不管劳动多么累，他的脏衣服都不会超过三天还不洗。他是一名肩宽背厚看上去体格特别强壮的知青。别的知青曾告诉我他会武功，我也曾当面问过他，他微笑着点头回答："会。参加过比赛，我的徒弟获过奖。是我祖父在我小时候教我的，后来又受过名师指点。"当年的哈尔滨市，民间很是隐居着几位武功高强的人。他这个人，既不会虚夸，也不善隐瞒，我自是半信半疑的。直至有一天晚上，见他独自一人在操场上练武，才信了。有时男知青们相互摔跤，他却从不跃跃欲试，静静地观看而已。事后，偶尔会指点摔败了的人几招。了解他的知青曾告诉我——他不参与，是怕一失手伤了对方。以他的功夫，我们一般知青三五人近不了他的身……

　　然我和学孟之间毕竟没有什么深交。当年我能感觉到他对我挺尊敬的，或者因为我每"之乎者也"，显得怪有思想似的；或者因为我曾是不怎么令人讨厌的知青排长；或者因为我已"为人师表"。而我，觉得他身上有种吸引我不由得不多加观察的神秘感——当年我常暗自思忖：这个孙学孟，他既非干部子弟，也并非出身于什么高级知识分子家庭，更不是什么文艺界名流的后代，他身上那种与众不同的气质，或曰性格，究竟是来自于什么样的一种影响呢？

孙广庭是孙学孟的祖父。

看了学孟一千四百余页的书稿之后，尤信"遗传基因"之说是确乎有道理有根据的。都认为性格和气质往往在隔代人身上遗传得更加明显。那么我想，作为孙广庭长孙的孙学孟身上，定会有祖父之性格和气质的某些痕迹吧？

我信笔写来，似乎对孙广庭这一历史人物了解颇多。而事实是，如果不是通过学孟的口和笔，我根本就不知道黑龙江省还有一位值得为之立传的历史人物孙广庭。

中国省份也多，哪一个省没有几位值得立传的历史人物呢？

就单说黑龙江省吧，正面的和反面的重要历史人物加在一起，十个指头也数不完啊。作为一部传记之书的传主，孙广庭的知名度，恐怕不能与那些在正反两方面对一个省份发生重要历史影响的人物相比。但孙广庭这一历史人物，又确能钩沉出一些鲜为人知的近代的历史细节，而且身上颇具有可敬可爱的气节和人格魅力，所以由他的长孙学孟在他逝后四十余年的今天孜孜以求地为他立传，是我这个人完全可以理解的。

那么孙广庭究竟是一位什么样的地方历史人物呢？

他清末科甲出身，自幼勤奋好学，少年时参加院试，三场皆为榜首，时人称其"小三元"，"元"也就是状元的意思了。他青年时期在日本陆军学校留学时，曾因才学之广和品质之清，令同校学子蒋介石刮目相看，竟至于央人引荐结交，并多次与之促膝相谈。归国后不久，即任东北陆军测绘学校校长，而那时蒋介石还没当上黄埔军官学校的校长呢，致函广庭，一以恭贺，一以初露政治野心。他是东北镇边大帅赵尔巽的得意门生，而那时张作霖也不过是才上任不久的巡防统领，广庭虽特立独行，似革命党人，张亦奈何不得。他与后来成为张作霖参谋长的杨宇霆过从甚密。他曾在直奉大战中临危受命，使张作霖减少了兵员损失。他曾在手下不足千余兵力的情况之下，一身虎胆与率领一万五千余人犯境的俄国白军将领季捷里赫斯进行义正词严的谈判，并活用空城计，拍案生威，奇迹般地缴了对方一万五千余人马的械。他曾率部下枪炮相向，严阵以待，使企图趁机蠢蠢欲动的日本驻朝鲜军知难而退。他也曾脱下戎装，当过地方财政局长，被民众誉为两袖清风的"铁面公"。伪满时期，他多次面对日本人的威胁利诱，不为所动，不予合作。光复后，他曾被选为松哈和平民主促进会会长。新中国成立后，他曾作为地方政协委员赴京参议国是，并受到毛泽东的宴请。而且，他还是黑龙江省最大的藏书家。将一楼宝贵藏书、字画捐赠东北图书馆后，曾一度因生活拮据，率其长孙学孟摆地摊，并被经过的一位副省长认出……

总而言之，孙广庭这一人物，能牵动不少正史的细节。而一旦有了那些细节，历史不但更加令人信服，而且对一般人也具有了较强的可读性……

屈指算来，学孟对我言及他要写此书的打算，已是十余年前的事了。

十余年中，学孟为此书的写作，曾数次专程从哈市赴京。身为哈尔滨师范大学数学系副教授的他，教学任务是很重的。每次都是来也匆匆，去也匆匆。每次进了我家一落座便开门见山，"请教"罢种种写作问题之后，片刻也不多留，立即起身告辞。

我对他写此书的态度，十余年中，也一向是极其矛盾的。

看了他最初的手稿，我大为惊诧——怎么也想不到，他的文笔竟自有风格。虽在用词用字上也挑剔出过几处小疵，但总体读来，甚为通畅。也许由于他是教数学的副教授吧，此书谋篇布局的周密性，实在也算是一大特点。每一事件的发生，每一人物的出场，每一情节的展现，竟都将起因、背景、连带人物关系交代得一清二楚、丝丝入扣……

所以我替他高兴之余，曾说鼓励的话。

然见他以后又来我家时，书稿明显厚重了，也不禁心中暗自替他生忧——哪家出版社会出他的书呢？

故曾当面泼过冷水。

我鼓励他时，他丝毫也不自负；我当面泼冷水时，他丝毫也不动摇。

他说："别只鼓励我，要给我指出存在的问题。"

或者说："我明白你泼冷水也是为我好，但我现在不能想太多，还是要认真将书写完。"

他最后一次来我家，就留下了这一部一千四百余页的打印书稿——《玉石录》。

十年心血为一书——此话用以形容学孟，确确实实也。实际上，此书耗了他整整十八年心血！

至于此书的具体的文学和史料的价值，我不复多言了。我觉得，哈尔滨师范大学的富金壁先生、马驰先生、赵连泰先生，已评得特别中肯而又恰如其分。我再　唆，纯粹多此一举了！

八卦太极天天练　耳聪目明体轻健

文／张全亮

通过多年的亲身实践和切身感受，我发现习练八卦掌和太极拳对养生非常有益。

养生是一门综合性科学，它包括道德情操的修养、科学合理的膳食、健康有益的生活、奋发向上的追求、和谐奉献的精神、坚持不懈的锻炼等。养生要动静结合、阴阳平衡，不能贪图享受靠休息和吃喝养生。要想有旺盛的精力和健康的体魄，十分重要的一条就是必须坚持体育锻炼。

习练武术　身心平衡

我很小的时候就失去了父亲，跟着祖母和母亲度过了苦难的童年，曾经逃荒到东北。小时候讨过饭，扛过小活儿。由于生活贫困、过度疲劳，经常吃不饱饭，自幼身体赢弱，瘦得皮包骨头，经常发疟子，还落下了腿酸、腹胀、头痛的毛病，多年都没有治好。

后来一次偶然的机会，认识了邻村的一个叫辛连旺的拳师，为了治病就跟随他练起了查滑拳和弹腿。查滑拳中有一个基本功叫拉滑，我每天风雨无阻坚持练习拉滑，次数由少到多，后来我每天能坚持练 1000 次。经过几个月的锻炼，身体逐渐变得强壮了，腿酸病也慢慢地好了。从此，我走上了习武之路。后来通过反复练习少林布袋气功中的揉腹、搓腰并配合按摩"三里穴"的方法，治好了我的腹胀病，通过练习"凝神站桩"的功夫治愈了我多年的头疼病。

1985年我师从当代太极拳名家王培生先生习练吴氏太极拳。王培生老师传授的"翻手功"解决了让我从小备受煎熬的便秘病。后来我将这些归纳为"常练拉滑式，腿疾全可治""腰腹腿常摩，腹病自解脱""凝神视一点，善疗偏头患""两掌常外翻，通便自不难"等小功法加以推广，传授给一些患者和中老年朋友，效果很好。

此外，八卦掌和太极拳主张内外兼修，而且对个人养成中正不阿、心胸宽阔等优良品质都有积极的促进作用。习练八卦掌和太极拳讲究天人合一、与时俱进，与周围的人和环境要和谐。可以说练拳的同时也是练做人、练处事、练"解扣"。八卦掌、太极拳是专门练"解扣"的艺术，它能解开人的思想疙瘩，让人摆脱思想的局限性。我现在担任大兴区老年大学太极拳班的教师，每周都给离退休的老同志上四次太极拳课。不少老同志从领导岗位上退下来，开始时都有一肚子牢骚，一身疾病，但通过几个月的太极拳锻炼和拳理的学习，思想里的疙瘩慢慢解开了，心胸开阔了，身体强壮了，精神状态也好了。

规律生活　适度运动

好的生活习惯、好的运动方法和好的心态是健康长寿的重要条件。通过几十年的亲身经历与感悟，我将健康养生的心得归纳为，在坚持一种自己喜爱的锻炼形式的同时，还要做到少吃、多喝、足睡眠，广交、多游、心地宽。只要做到这几点，即使不练武术也能健康长寿。我的养生体会是"少吃、多喝、足睡眠，广交、多游、心地宽，八卦太极天天练，耳聪目明体轻健"。

少吃，就是每顿饭不要吃饱，吃八分饱。平时要少吃肥腻、甘咸、辛辣及富含胆固醇的食品；多喝，不是多喝酒，是要养成每天多喝水、常喝水的习惯；足睡眠，就是每天要有足够的睡眠，如果不是工作需要，不要把休息的时间都用于喝酒、打扑克、玩麻将等，每天应有6～8小时的睡眠；广交，就是要多交朋友，多与世人交流，不要孤芳自赏，闭门思过，不与他人往来，我认为太极拳的至高境界是与社会高度和谐的人格风范；多游，就是有条件要多出去游历祖国的大山名川，饱览世界各地的风土人情，了解古今中外的历史文化和奇闻趣事，增长知识，壮大襟怀；心地宽，就是要有开阔的胸怀，要能容人、容事，与人为善，遇事不怒，心底无私。

多年来，我虽然一直处于紧张、繁忙的工作状态中，但我一直坚持每天5点多起床练功，无论是身体虚弱、天气恶劣，还是生活艰辛、工作繁忙，都没有停止过。"流水不腐，户枢不蠹"，坚持运动才能保持健康的身体和旺盛的斗志。此外，我从不抽烟，也不喝酒，饮食以清淡为主，肥、甜、咸以及刺激性的食物尽量少吃或不吃。每天坚持多喝水，尤其早晨起床一定要喝一大杯水。

退休以后，我除了每天坚持锻炼、教课、著书立说以外，还经常与老伴一起出去旅游。我的弟子、朋友也很多，经常出去讲学、交流，与他们一起研究武术文化、弘扬传统武术，交流心得体会。这样的生活既增长了知识又开拓了思路，既有利于心理和生理的平衡又可有效推迟脑细胞的衰老。

人的潜力是无穷的，但人又是有惰性的，迁就自己的惰性，就不能充分发挥自己的潜力，自己的聪明才智就容易被埋没。因此，不能太迁就自己的惰性。

闲谈警察与功夫

文／亦飞

警察与功夫的关系，从历史上看就很密切，这与警察的职能有关。

中国历史上，相当于警察职能的，有时称捕快。这种称呼在电视电影和小说作品中，更是尽人皆知。包青天身边的展昭、狄仁杰身边的李元芳，历史上这些为民除害的英雄形象更是深入人心，流芳千古。人们最关注他们哪一点呢？当然是侠肝义胆、武功高强、锄奸除恶。这是对这些社会卫士用一身好功夫除暴安民的欣赏和赞美，也因而引导中华功夫代代相传，不断发展创新，服务人民。

坏人之所以坏，就在于他们肆无忌惮践踏社会公共道德底线和法律底线，为了一己之私，烧杀抢掠、坑蒙拐骗、劫财劫色、巧取豪夺、不遵守社会的法纪和法规的违法犯罪行为。之所以他们敢这么做，除了思想意识上有劣根性，有的还借助自己有些功夫，恃强作恶。这些人绝非真正意义上的功夫人士，只是一些社会混混而已。要治理这些恶人也必须具备一定的功夫本领。展昭、李元芳这些捕快正是由于有更高更强的功夫，才能做到魔高一尺，道高一丈。

现代警察，由于科技的发展，各种先进的警械及武器越来越多，功夫在警察的职业技能中所占的比例越来越小，但是如果能够学习一些功夫，就能够更好维护好社会秩序。所幸我国的功夫还没有消失，这是中国传统文化的重要组成部分。中国人民公安大学的课程中，还保留着"功夫"课。一些地方警校更是把擒敌拳作为主要功夫科目，实用性更强。这些课程都是功夫在新时代警察身上的体现与继承。

现在每年中国警察在工作中，都会有一些人因公牺牲，更有数千警察因工负伤。虽然这些牺牲和负伤，并非全是出现在和犯罪分子的抓捕与搏斗中，但其中相当一部分还是死伤于和功夫有关的工作中。警察上学、任前培训或是部队转业，不都受过功夫培训了吗？为什么还有这么大的伤亡呢？我想原因大致有以下两个：一个是功夫再好，也躲不过爆炸枪弹；二是功夫学得不精。前一个原因与功夫无关，不再讨论，后一个原因非常值得关注。我们知道，功夫学得精不精，要看你熟练不熟练，能不能根据实际情况融会贯通，见招拆招，见缝插针。另一方面还要看功夫是否融入进你的血液里，融入进你的潜意识中，按科学的说法就是能不能做到条件反射。真正功夫好的警察，会形成下意识的条件反射，比如危险来到身边，自己凭感觉就能意识到危险的靠近，说玄了就是第六感。再比如人群中对面突然踢来一脚，功夫好的警察不会去想该怎么做，时间上根本来不及，而是下意识地侧身、出手、固定踢来的脚，然后再决定是否使用翻滚或者侧踹的反击方式。

平时我们讲警察训练有素，并不是指那些花架子、那些虚形式、那些好看不中用的东西。警察学好学精功夫，一定会减少不必要的流血牺牲。

（本文摄影作者：王建武）

功夫艺术

于洋

于洋与他的《功夫诗·九卷》

文／刘新平

> 功夫是中国奉献给全世界的人类非物质文化遗产，也是中国文化的标志性符号之一。在《功夫诗·九卷》的整个创作过程中，我一直坚持让功夫彻底摆脱传统展示而形成新的"诗样"艺术语汇，并坚持用这种新的语汇，即功夫诗，去为中国优秀传统文化画龙点睛。

——于洋

翻开于洋的个人小档案，你会发现，他迄今为止的人生履历，除了平且顺，更有一种常人难望其项背的传奇色彩：从解放军外国语学院学员队的团干部到总参某局的团委书记，从总参政治部文化部部长助理到保利集团莫斯科代表处代表，从保利文化艺术有限公司的创意总监到保利演艺经纪有限公司的总裁，从湖南卫视"超级女声"总决赛的专家评审到年纪轻轻就荣膺"中国演艺策划大师"称号……这样一份经历和成就，也确实是一般人难以达到的人生境界。

不过，在所有已经取得的成就里，最让于洋感到自豪的，是他制作出品的《功夫诗·九卷》。这是一部将中国功夫演化成诗、将攻击性转化成创造性的艺术功夫剧，它将中国传统功夫与世界艺术元素相融合，以全新的舞台语汇和自成体系的表现手法，让观众在舒放的意境空间里和美轮美奂的艺术展示中，感悟中国优秀传统文化和中国功夫的思想精髓——自 2008 年 6 月 6 日于北京保利剧院首演后至今的近 10 年间，《功夫诗·九卷》已经在国内外演出数百场，让无数中外观众对中国文化和中国功夫有了全新的理解和感悟！

爱好使他成长为艺术大咖

于洋说自己现在常会想起那些曾经的陈年旧事。

小时候，爱好文艺的父亲有几张珍藏的黑胶唱片。唱片虽然已经破损、老旧，但于洋还是乐此不疲地躲在屋里一遍一遍地听。"那其实是我最早的音乐启蒙。"于洋告诉我。

后来，跟着父亲，于洋学会了吹箫、拉二胡、弹三弦，传统中国乐器的魅力，让他目醉神迷。

高中毕业，于洋考入解放军外国语学院，但分系科的时候，他被分到了俄语系。"我当时差点儿疯了。我的英语成绩在哈尔滨考区是第一名。我怎么都没想到自己会到俄语系。"但于洋最终从那种负面的情绪中突围而出。"有许多同学跟我的情况大体相同，大家一时间都有些心灰意冷。身为学员队的团干部，我觉得自己有责任用一种健康、活跃的正能量去引导和影响大家。"

于是，在紧张的专业课学习之余，他把交际舞引入学员队，到后来，不仅新学员，包括其他系科的老师和同学都蜂拥进灯光球场。优美的舞曲，欢快的舞步，也由此成为很多人对于学院生活最温馨的回忆。

《功夫诗·九卷》

《功夫诗·九卷》

　　除此，于洋还把系里有文艺特长的同学组织起来，自己创作反映军校生活的歌曲，带着大家一起排练。毕业之前，他特别创作了一个名为《向着太阳飞去》的声乐套曲，并有幸为前来视察的杨得志总长作现场演出。也正因为演出的成功，让他得以分配到总参某局，并参与了全军第一个女子军乐团的组建。美国国防部长黑格访华，女子军乐团演奏的《迎宾曲》和《红色娘子军连歌》，让包括黑格在内的所有人都眼前一亮。后来于洋带着女子军乐团去外地演出，在任何场合，都是一道最亮丽的风景。

　　转业后，于洋进入保利集团，并成为集团驻莫斯科代表处代表，开始从事外贸工作。那时的莫斯科，有近六万华人、华侨。在中餐馆等一些华人聚集的场合，于洋结识了一些华人朋友，了解到他们的生活，特别是文化生活非常枯燥。于是，他利用业余时间，联系了一些志趣相投的人，从做卡拉OK大赛开始，最终在1996年，策划完成了莫斯科首届华人文化节。许多国内著名的艺术家和歌手应邀来到莫斯科，以一曲曲充满浓郁华夏风的动人歌声，慰藉着无数

《功夫诗·九卷》

海外游子的思乡之情。于洋则专为文化节创作了一首既满蕴深情又大气磅礴的主题歌《四海同心》："四海同心，情系祖国……要问我的情系在哪里？系在黄河，系在长江……"不久，这首歌被评为最受海外华人喜爱的中文歌曲。

三年后，于洋回国。他选择了离开外贸，专心做文化公司。这些年来，为了公司的生存发展，他出唱片，做商演，是众多电视晚会、直播晚会、大型场地晚会的"一条龙"运营人，并先后将毛阿敏、屠洪刚、蔡国庆、陈明等歌手罗致麾下。但对中国传统文化的热爱之情，从来没有改变过。他曾为零点乐队创意推出翻唱专辑《风雷动》，用现代音乐演绎京剧《打虎上山》等经典唱段，于洋认为这也是推广传统戏曲的一种方式。他推出过演诵诗剧《永不消逝的电波》。他还把余光中先生的《乡愁》成功创意为《十感乡愁》国情主题唱片，引来一片喝彩之声。

艺术大咖创造出功夫盛典

有人曾说，于洋浑身都洋溢着一种文艺"范儿"。于洋就纠正对方：

"准确的说法是，我血管里的每一滴血，都充满对祖国传统文化的深情。"

而世纪初的某一天，于洋深情的目光投向"功夫"，投向中国传统文化的重要组成部分：中国功夫。

诚然，因为一代巨星李小龙，"Chinese Kungfu"（中国功夫）开始风靡世界。但是，对很多人，特别是西方人来说，"功夫"只是一种搏击技巧、打斗方法，与哲学无关，与文化无关，更与纯粹、唯美、浪漫、深刻的诗境，毫无关系。这样的一种对于中国功夫的认知，虽然既偏执又无稽，但却是一种真实的存在。

也正因为如此，于洋发下宏愿：要颠覆功夫传统的展现形式，将功夫本体以诗卷篇章的方式呈现在观众面前；用进化成诗的功夫形体，展示中国博大精深的文化，让观众在最具震撼力的艺术氛围中，直观并对位地体验人性，洗涤魂灵。

经过一年多的策划、构思和反复打磨，2008 年 6 月，由于洋独立制作出品的中国首部国学演出巨制《功夫诗·九卷》横空出世。

《功夫诗·九卷》

这是一部并非单纯展示中国功夫，而是去挖掘或解密中国功夫之武学精神和思想核心的舞台剧。它率先创造出一种专门属于中国功夫的形体语汇并让这种语汇单独成为一种表演艺术门类。这种形体语汇摒弃了对中国功夫的表层展示，而将中国功夫与现代舞蹈合二为一，升华出一种动静结合、虚实相生的全新形体语言，一种重塑中国功夫"武学精神"的形体语言。全剧被分成九个不同段落，既各自独立，又浑然一体，宛如一篇形散神不散的散文诗，又似一幅只可意会不可言传的舞台画卷。

《功夫诗·九卷》，从卷一至卷九，每一卷都有不同的主题，对应着不同的功夫表达：从卷一超现实主义功夫演示的"人本纯净"、卷二功夫中国舞展示的"励精磨炼"、卷三功夫意识流宣示的"修在当下"、卷四浪漫主义功夫昭示的"万物本性"、卷五功夫蒙太奇演绎的"感恩图报"、卷六功夫芭蕾舞表现的"修行无相"、卷七功夫百老汇表达的"圆满无碍"、卷八功夫现代舞呼唤的"安住本心"，直到卷九抽象主义功夫隐喻的"离苦得乐、彩虹映心"的人生境界，几乎每一卷都能让观众在舒放的意境空间里畅想并获得深刻的人生感悟。

"功夫是中国奉献给全世界的人类非物质文化遗产，也是中国文化的标志性符号之一。在《功夫诗·九卷》的整个创作过程中，我一直坚持让功夫彻底摆脱传统展示而形成新的'诗样'艺术语汇，并坚持用这种新的语汇，即功夫诗，去为中国优秀传统文化画龙点睛。"在采访中，于洋告诉我。

《功夫诗·九卷》照亮世界

《功夫诗·九卷》问世后在国内舞台上成就非凡，几乎每次巡演，都会在当地引起巨大反响。

不仅如此，即使是在海外，在文化背景完全不同的异域他国，《功夫诗·九卷》同样也取得了巨大的成功——

2012年9月22日，《功夫诗·九卷》亮相格鲁吉亚，代表中国参加"2012第比利斯国际戏剧节"，受到当地观众和媒体的热烈欢迎和追捧。这也是中国剧目首次参加外高加索地区最重要和最有影响力的戏剧节！

2015年9月14日晚，哥伦比亚麦德林市马约尔广场，联合国世界旅游组织第21届全体大会"美丽中国之夜"大型宣传推广活动在这里隆重举行。《功夫诗·九卷》作为唯一的表演节目，在本次晚会上震撼演出，引起了巨大轰动，也征服了所有观众！

2016年6月30日，法国巴黎。中法高级别人文交流机制第三次会议在这里举行，由中国国家旅游局主办的旅游推广活动也如期拉开帷幕。作为推广活动的压轴大戏，《功夫诗·九卷》为数千名法国各界观众带来一场唯美生动且触动心灵的视听盛宴！

2017年元月，在全新开播的中国国际电视台播出的大型纪录片《What is China》中，《功夫诗·九卷》再次惊艳亮相，其对中国功夫国际化视角的艺术展示，震撼和征服了无数海外观众……

事实上，《功夫诗·九卷》从2008年横空出世以来，作为中国功夫极致艺术化的结晶，同时也作为中国国家文化出口重点剧目和中国传统哲学、智慧与价值观在舞台上的诗化表达，在国内，在澳洲，在欧洲，在美国，先后巡演了数百场，受到观众热烈追捧和盛赞。而无论是在名震欧洲的欧罗巴利亚艺术节，还是在代表全球形体艺术方向标的以色列国际艺术节，无论是悉尼的教授、学者，还是拉斯维加斯最挑剔的娱乐记者，都因《功夫诗·九卷》独具一格的文化气息和温暖的人文关怀，而感动，而流泪。有媒体报道说，《功夫诗·九卷》是中国功夫"走出去"的大胆市场尝试，是对舞台表现中国功夫的国家级艺术创新，对促进中国文化出口贸易具有突破性贡献。

于洋成功了。而他的保利演艺经纪有限公司也先后荣获"中国最具投资价值创意基地"和国家文化出口重点企业称号。

"做公司这么多年，我有一点感触最深，那就是，弘扬中国传统文化需要我们每个人付出持续不断的心血和努力。因为只有这样，包括中国功夫在内的传统文化中的瑰宝才能薪火相传，以至永远！"

于洋说。

在北京的演艺圈里，在那些明星云集的场合，你都会看见于洋的身影。在那种时候，不管他在妙语连珠、侃侃而谈，还是静静地倾听或思考，他常常都是众人瞩目的焦点。这当然不仅仅缘于在情绪浮躁、一味趋利的演艺圈里，他所展现出的踏实、厚重、与人为善的个人魅力，以及对中国传统文化的深刻见解与一往情深，更因为在向世界传播包括中国功夫在内的中国传统文化的实践中，《功夫诗·九卷》已经在世人面前立起了一座山峰——至少在短时间内，这座山峰的高度很难被超越！

（本文照片来源：刘新平提供）

功夫与企业

世屹集团董事长徐志鹏先生（左一）当选为国际功夫委员会副主席兼秘书长

功夫文化的传承与推广者
——世屹集团

文／《中国功夫》编辑部

习近平总书记指出："我们要学习中华民族优秀的传统文化和高尚的精神追求。历经磨难而不衰的中华文明，蕴涵着丰富而宝贵的思想文化遗产。"世屹集团作为一家以文化、健康、体育、娱乐、零售等产业发展为依托的全民生活综合服务机构，一直把整合国内优秀传统文化资源、不遗余力地传承中华优秀传统文化、增强中华文化自信、为建设文化强国贡献力量作为企业发展的奋斗目标。

中国功夫，源远流长。它是中华民族优秀的传统文化和独特的文化遗产瑰宝，是世界上最古老的运动之一。它刚柔并济，内外兼修，

世屹集团成为世界级极限搏击平台"昆仑决"战略合作伙伴

具有深邃的内涵。世屹集团深知中国功夫在广大民众中的喜爱程度，董事长徐志鹏先生更是对中国功夫珍爱有加。

世屹集团竭力推动集功夫产业研究、功夫文化展示、全民体验、功夫赛事、功夫文化交流等于一体的国际性功夫盛会，为中国功夫文化的传承与创新作出了重要贡献，充分体现了做中国优秀传统文化传承者、塑造符合新时代需要的中国功夫品牌的企业的社会责任。

2017 年，徐志鹏董事长被任命为国际功夫委员会副主席兼秘书长；中国功夫委员会主席、中国功夫文化发展委员会名誉主席解洪烈先生为他授予任命证书。

2017 年 7 月，世屹集团与世界级极限搏击平台"昆仑决"达成战略合作伙伴协议，在体育资源融合、体育产业发展等方面形成全方位战略合作。双方合作，契合了体育事业与产业的相互促进，共同推动中国体育事业的大发展、大繁荣。

世屹人深知，曾经以中国功夫为核心代表并延伸出的各类体育竞技运动，承载着打开国门、连接中国与世界的交流重任，如今，

世屹集团董事长徐志鹏先生（左二）为"昆仑决"获胜者颁奖

中国功夫作为中华绚烂文化的重要组成部分，已成为我国国民强身健体的重要方式，这一古老传统文化更加凸显出了愈益强大、愈益旺盛的生命力。

同年8月，在北京举办的"体育赛事超级IP潜力榜50进20专家评审会"上，"昆仑决"成功入选体育赛事超级IP潜力榜TOP20。世屹集团董事长徐志鹏先生受邀出席"昆仑决"自由搏击大奖赛青岛站，并为66KG世界冠军赛1/8决赛获胜者颁发奖杯。

目前，世屹集团业务已经辐射北京及山东、湖南、贵州、江苏、广东、河北、黑龙江、四川、陕西等省份的多个地市。世屹人正通过传承非物质文化遗产进行中华传统文化推广，对新时代智能4.0进行产业布局，开启文化与智能的新融合，激发传统符号与科技元素的碰撞，为客户提供便捷、优雅的高品质生活，实现文化传承与智能创新的同步发展。

在中国功夫的传承道路上，世屹深切感到，真正的体育产业，核心其实是一种文化产业。体育文化是体育产业腾飞发展的灵魂。未来，世屹集团将进一步发挥在功夫文化层面的传播优势，助力中国功夫走向世界，向全世界展示中国功夫文化，让中国功夫精神深入人心。

图书在版编目（CIP）数据

中国功夫. 第1辑 ／《中国功夫》编辑部编. —— 北京：群众出版社，2018.4
ISBN 978-7-5014-5810-3

Ⅰ．①中… Ⅱ．①中… Ⅲ．①功夫(武术)－介绍－中国 Ⅳ．①G852

中国版本图书馆CIP数据核字(2018)第059035号

中国功夫（第1辑）

《中国功夫》编辑部　编

出版发行：群众出版社
地　　址：北京市丰台区方庄芳星园三区15号楼
邮政编码：100078
经　　销：新华书店
印　　刷：北京市科星印刷有限责任公司

版　　次：2018年4月第1版
印　　次：2018年4月第1次
印　　张：9.25
开　　本：787毫米×1092毫米　1/16
字　　数：138千字

书　　号：ISBN 978-7-5014-5810-3
定　　价：38.00元

网　　址：www.qzcbs.com
电子邮箱：qzcbs@sohu.com

营销中心电话：010-83903254
读者服务部电话（门市）：010-83903257
警官读者俱乐部电话（网购、邮购）：010-83903253
文艺分社电话：010-83901350　010-83903973